I0122324

3ᵉ LIVRAISON.

60 livraisons à 25 centimes.

DICTIONNAIRE GRAMMATICAL ET USUEL

DES

PARTICIPES FRANÇAIS,

Extrait et complément de toutes les grammaires et de tous
les dictionnaires les plus usités,

ET PRINCIPALEMENT DU DICTIONNAIRE DE L'ACADÉMIE,

CONTENANT, RANGÉS PAR ORDRE ALPHABÉTIQUE,

LES **8,000** PARTICIPES PRÉSENTS ET LES **8,000** PARTICIPES

PASSÉS DE LA LANGUE FRANÇAISE,

AVEC

la solution analytique et raisonnée de toutes les difficultés auxquelles ils peuvent
donner lieu sous le rapport de leur *prononciation*, de leur *orthographe*, de
leur *usage*, de leur *construction* et de leur *syntaxe* ; le tout appuyé sur
près de deux cent mille exemples choisis, pris dans les chefs-
d'œuvre de nos écrivains les plus célèbres, et sur l'autorité de
l'Académie, de la Société grammaticale de Paris et des
plus savants grammairiens et commentateurs ;

OUVRAGE ENTIÈREMENT NEUF ET LE PREMIER DE CE GENRE ;

PRÉCÉDÉ

1° *De notions élémentaires sur la nature, l'emploi et la syntaxe des Participes;*
2° *D'une liste alphabétique de tous les verbes français avec leurs infinitifs,
participes présents et participes passés ;*

DESTINÉ A SERVIR DE GUIDE ET DE RÉGULATEUR POUR TOUTES LES DIFFICULTÉS
INHÉRENTES AUX PARTICIPES;

INDISPENSABLE A TOUTES LES PERSONNES QUI DÉSIRENT BIEN PARLER ET BIEN ÉCRIRE;

PAR M. BESCHERELLE JEUNE,

Auteur de la *Grammaire nationale*, de la *Réfutation de Noël et Chapsal*,
du *Guide des instituteurs*, du *Dictionnaire des Verbes*,
du *Véritable manuel des conjugaisons*, etc.

PARIS, CHEZ L'ÉDITEUR,
RUE CROIX-DES-PETITS-CHAMPS, Nº 43,
ET CHEZ

MANSUT, place Saint-André-des-Arts 3o.
HOYER, place du Palais-Royal.
FROIS-MAZE, quai Voltaire, 21.
GIRARD, quai des Augustins.
SCHWARTZ et GAGNOT, quai des Augustins.
MARTIN, rue du Coq, 4.

PILOUT, rue de la Monnaie, 24.
BOMER, rue Croix-des-Petits-Champs.
DENENTRE, Bourg-Labbé.
GIMBERT et DOREZ, rue des Grands-Augustins.
DUFOUR, rue de Verneuil, 1 bis.
DESFORGES, rue des Grands-Augustins,
ABEL LE RICAUD, galerie Colbert.

Et chez tous les libraires et marchands de pittoresques.
Leipzig, MICHELSEN et BROCKHAUS ET AVENARIUS.

1843

EN VENTE:

DICTIONNAIRE NATIONAL
ou

Grand dictionnaire critique de la langue française

PLUS EXACT ET PLUS COMPLET

L'ouvrage formera 2 magnifiques volumes grand in-4 à deux colonnes

sur beau papier jésus vélin.

Par BESCHERELLE ainé.

Paris. — Imprimerie de Grisier,

ON TROUVE CHEZ LE MÊME ÉDITEUR:

GRAMMAIRE NATIONALE, par MM. Bescherelle frères et Litais de Gaux, 3ᵉ édition, entièrement refondue et augmentée de nombreuses citations. Un vol. gr. in-8 à 2 col. Prix. . . . 12 f.

ABRÉGÉ DE LA GRAMMAIRE NATIONALE, par MM. Bescherelle frères. Un fort volume in-12. Prix cartonné. . . . . 1 f. 50

EXERCICES D'ORTHOGRAPHE, DE SYNTAXE ET DE PONCTUATION, par MM. Bescherelle frères. Un vol. in-12 cartonné. Prix. . . . 2 f.

CORRIGÉ DES EXERCICES D'ORTHOGRAPHE, DE SYNTAXE ET DE PONCTUATION. Un volume in-12. Prix cartonné. . . . . 2 f.

DICTIONNAIRE DE TOUS LES VERBES FRANÇAIS, tant réguliers qu'irréguliers, entièrement conjugués, par MM. Bescherelle frères. 2 forts vol. in-12 sur beau papier satiné. Prix. . . . . . . 15 f.

RÉFUTATION COMPLÈTE DE LA GRAMMAIRE DE MM. NOEL ET CHAPSAL, par MM. Bescherelle frères, 4ᵉ édition. Un volume in-12 broché. Prix. . . . . . . 1 f. 75

LE GUIDE DES INSTITUTEURS ET DES INSTITUTRICES pour l'enseignement de la grammaire française, par MM. Bescherelle frères. Un volume in-12. Prix. . . . 2 f.

LE VÉRITABLE MANUEL DES CONJUGAISONS, ou la science des conjugaisons mise à la portée de tout le monde, seul traité pratique et tout-à-fait élémentaire au moyen duquel on puisse apprendre facilement et retenir promptement l'orthographe et le français, par MM. Bescherelle frères. Un fort joli vol. in-18. Prix broché. 3 f.

EN VENTE:

DICTIONNAIRE NATIONAL

OU

Grand dictionnaire critique de la langue française,

PLUS EXACT ET PLUS COMPLET

Que tous les dictionnaires qui existent, et dans lequel, pour la première fois, toutes les définitions, toutes les acceptions des mots et les nuances infinies qu'ils ont reçues du bon goût et de l'usage sont justifiées par plus de QUINZE CENT MILLE EXEMPLES CHOISIS, fidèlement extraits de tous les écrivains, moralistes et poètes, philosophes et historiens, politiques et savants, conteurs et romanciers, dont l'autorité est généralement reconnue; LE SEUL qui présente l'EXAMEN CRITIQUE des dictionnaires les plus estimés, et principalement de ceux de l'Académie, de Laveaux, de Boiste et de Napoléon Landais;

PUBLIÉ SOUS LE PATRONAGE D'UN GRAND NOMBRE DE PAIRS DE FRANCE, DE DÉPUTÉS, DE MEMBRES DU CLERGÉ ET DU BARREAU, ET DE NOTABILITÉS SCIENTIFIQUES ET LITTÉRAIRES;

Par BESCHERELLE aîné.

200 LIVRAISONS A 20 CENTIMES.

L'ouvrage formera 2 magnifiques volumes grand in-4ᵉ à deux colonnes sur beau papier jésus satiné.

Paris. — Imprimerie de COSSON, rue Saint-Germain-des-Prés, 9.

SUJETS.	COMPLÉM. DIRECTS.	VERBES.	PARTICIPES.	ADJECTIFS OU PARTICIPES.
Vous	M'	avez	*crue*	guérie.
Je	LES	ai	*faits*	mes égaux.
Vous	L'	avez	*trouvée*	telle.
Tu	M'	as	*faite*	ta complice.
Il	LES	a	*supposés*	coupables.
On	LES	eût	*dits*	morts.
On	LES	a	*vus*	embarrassés.

Qui a-t-on vu *embarrassé?* Réponse : *eux. Eux*, voilà le complément direct, et comme ce complément précède le participe, accord.

N° LXI.

DU PARTICIPE PASSÉ PRÉCÉDÉ DE DEUX COMPLÉMENTS.

Lorsque le participe passé est précédé de deux compléments, l'un de ces compléments est direct et l'autre indirect ; car un verbe ne peut être précédé de deux compléments directs. Pour connaître quel doit être l'accord, il suffit de distinguer lequel des deux compléments est en rapport direct. Examinez les exemples suivants :

COMPLÉMENTS DIRECTS.	SUJETS.	COMPLÉMENTS INDIRECTS.	VERBES.	PARTICIPES.
LA FOI QUE	tu	m'	avais	*jurée.*
TOUS LES BIENS QUE	la nature	t'	avait	*donnés.*
LES RÉCOMPENSES QU'on		nous	a	*accordées.*
LE MAL QUE	vous	lui	avez	*fait.*
LES SERVICES QUE	vous	leur	avez	*rendus.*

Qu'est-ce que vous avez rendu? Réponse : *les services.* Voilà le complément direct qui communique l'accord au participe. A qui les avez-vous rendus, ces services? Réponse : *à eux. Leur* est donc le complément indirect, et ce complément ne peut en aucune manière influer sur le participe.

N° LXII.

DU PARTICIPE PASSÉ SUIVI D'UN INFINITIF.

Lorsque le participe d'un verbe actif est immédiatement suivi d'un infinitif, il s'accorde avec le complément direct qui précède les deux verbes, si ce complément fait l'action exprimée par l'infinitif, ce que l'on reconnaît en transformant cet infinitif en mode personnel.

COMPLÉMENTS DIRECTS.	SUJETS.	VERBES.	PARTICIPES.	INFINITIFS.
La personne que	j'	ai	*vue*	écrire.
Les enfants qu'	il	a	*vus*	courir.
Les plantes que	tu	as	*laissées*	croître.
La femme que	nous	avons	*vue*	peindre.
La cantatrice que	vous	avez	*entendue*	chanter
Les oiseaux que	j'	ai	*laissé*	s'envoler.

3

HEQUE ROYALE

On peut dire : La personne que j'ai vue *qui écrivait, lorsqu'elle écrivait.* C'est la personne qui a été vue, et qui a été vue lorsqu'elle écrivait. C'est elle qui faisait l'action d'écrire ; donc *personne* est le véritable complément direct ; et comme ce complément est avant le participe, il y a accord, c'est-à-dire que *vue* doit être au féminin et au singulier, puisque *personne* est au féminin et au singulier. Même raisonnement pour les autres exemples cités.

N° LXIII.

Quand ce n'est pas le complément direct qui fait l'action indiquée par l'infinitif, le participe reste invariable. Exemples :

La femme que j'ai vu *peindre* par David.	La romance que j'ai entendu *chanter.*
Les enfants que j'ai vu *punir* par leur maître.	Les courriers que j'ai fait *partir.*
Les histoires que j'ai entendu *raconter.*	Les enfants que j'ai laissé *battre.*

Question. *Qu'est-ce que j'ai vu?* Réponse : *punir les enfants.* Ce ne sont pas les enfants qui faisaient l'action de *punir,* donc *les enfants* ne sont pas le complément direct du participe, mais bien de l'infinitif; par conséquent le participe est invariable.

N° LXIV.

DU PARTICIPE PASSÉ AVEC UN INFINITIF PRÉCÉDÉ D'UNE PRÉPOSITION.

Lorsque le participe passé est suivi d'un infinitif précédé d'une préposition, il s'accorde s'il a pour régime le complément direct qui précède; il est invariable si ce complément est celui de l'infinitif. D'après cela on dit :

Avec accord.	*Sans accord.*
La comédie que j'ai *empêchée* d'être représentée.	La vérité qu'il a *négligé* de suivre.
La hardiesse qu'il a *prise* de critiquer.	La place qu'il avait *résolu* de rendre.
La témérité que vous avez *eue* de le contredire.	Les charges que j'ai *eu* l'honneur d'exercer.
Les ennemis que j'ai *contraints* de se rendre.	Les maximes de vertu que j'ai *tâché* de vous inspirer.
L'inclinaison qu'on l'a *forcée* à prendre.	C'est une difficulté que j'ai *appris* à vaincre.
La grâce que Dieu nous a *faite* de nous tirer de la misère.	Les critiques qu'on a *trouvé* bon de diriger contre moi.
La liberté qu'il a *prise* de le tutoyer.	
La permission qu'il lui a *donnée* de sortir.	Les peines qu'il a *eu* à supporter.
	Les injures qu'ils ont *eu* à essuyer.
Quelle peine j'ai *eue* à le décider !	Les ravins qu'ils ont *eu* à traverser.
La peine qu'ils ont *eue* à vous quitter.	Les obstacles que j'ai *eu* à vaincre.

Dans cette phrase : *la comédie que j'ai empêché d'être représentée,* qu'est-ce que j'ai empêché? c'est la *comédie. Comédie* est donc le complément direct du participe, par conséquent ce dernier doit s'accorder.

Mais dans cette autre phrase : *la vérité qu'il a négligé de suivre*, qu'est-ce qu'il a négligé de suivre? *la vérité*. *Vérité* n'est pas le complément direct du participe, mais de l'infinitif; d'où l'invariabilité.

N° LXV.

DU PARTICIPE PASSÉ ENTRE DEUX *que*.

Le participe passé placé entre deux *que* est toujours invariable quand le complément direct le suit. Exemples :

Les embarras QUE j'ai *su* QUE vous auriez.

La leçon QUE vous avez *voulu* QUE j'étudiasse.

La conduite QUE j'ai *supposé* QUE vous tiendriez.

Les peines QUE j'ai *prévu* QUE vous causerait cette affaire.

Les secours QUE vous avez *prétendu* QUE j'obtiendrais.

Quels sont les préparatifs QU'on a *dit* qu'il fallait faire ?

N'est-il pas évident que, dans ces exemples, les compléments directs des participes sont : *que vous auriez*, *que j'étudiasse, que vous tiendriez*, etc.? Qu'est-ce que j'ai su? Réponse : *que vous auriez ces embarras*. Ce complément étant placé après le participe, point d'accord

N° LXVI.

Si le complément direct est placé avant le participe, ce dernier s'accorde. Exemples :

Les juges QUE vous avez *convaincus* QUE j'étais innocent.

Vos amis QUE vous avez *persuadés* QUE j'étais mort.

Votre sœur QUE vous avez *prévenue* QUE j'étais arrivé.

Qu'est-ce que vous avez convaincu? Réponse : *les juges*. Ce complément étant placé avant le participe, accord. Appliquez le même raisonnement aux autres exemples.

N° LXVII.

PARTICIPES PASSÉS PRÉCÉDÉS DE *un de, une de, un des, une des*.

Quand le participe passé est précédé de deux noms unis par la préposition *de*, il faut chercher, pour l'accord, celui qui est le plus en rapport d'idée avec lui; car c'est celui-là qui acquiert la principale influence; l'autre n'offre qu'une idée secondaire sur laquelle l'attention glisse facilement. Ainsi écrivez :

Avec le singulier.	*Avec le pluriel.*
C'est un des bons médecins de Paris qu'il a *consulté.*	C'est un des plus grands hommes que la France ait *produits.*
Un de nos valets, que j'ai *rencontré,* m'a annoncé votre départ.	Voilà un des plus honnêtes avocats que j'aie *vus* de ma vie.
C'est un des plus jolis rêves que j'ai *fait.*	C'est une des plus grandes fautes que la politique ait jamais *faites.*

Qu'est-ce que j'ai consulté? Réponse : *un des bons médecins de Paris.* Je n'en ai consulté qu'un. Or, un médecin pris parmi les bons médecins, formant le complément direct du participe et étant placé avant lui, ce participe doit se mettre au singulier masculin. Appliquez le même raisonnement aux autres exemples cités.

Mais on écrit : *c'est un des plus grands hommes que la France ait* PRODUITS, parce qu'il est évident que celui dont je parle est compris dans le nombre des *grands hommes* que la France a *produits;* il n'est qu'une partie de ce nombre, donc on doit prendre pour complément les mots *grands hommes;* et comme ce complément est avant le participe, il y a accord, c'est-à-dire que *produits* doit être au masculin et au pluriel, parce que *hommes* est du masculin et au pluriel.

N° LXVIII.

La même règle s'applique au participe précédé des mots *le peu de.* Exemples :

Accord avec LE PEU.	*Accord avec le mot suivant* LE PEU DE.
Le peu d'application qu'on y a *donné.*	Le peu de *talents* qu'on a *remarqués* en lui.
Le peu d'approbation qu'a *eu* ce discours.	Le peu de *liberté* que j'ai *prise.*
Le peu de sûreté que j'ai *vu* pour ma vie.	Le peu de *capacité* que j'ai *acquise.*
Le peu de progrès qu'ils avaient *fait.*	Le peu de *vivres* qu'on a *conservés.*
Le peu de renseignements que nous ont *laissé* les anciens.	Le peu d'*habitants* que la guerre y a *laissés.*

Dans cette phrase : *le peu de complaisance qu'il a* MONTRÉ *lui a fait tort;* qu'est-ce qu'il a montré? Réponse : *peu de complaisance.* Or, les mots suivants : *a fait tort,* prouvent clairement qu'il n'a pas eu de complaisance; donc *peu,* qui signifie ici *manque, défaut,* est le vrai complément; donc le participe doit rester invariable, parce que *peu,* avec lequel il s'accorde, est du masculin et au singulier. C'est donc, comme on le voit, la fin de la phrase que l'on doit consulter pour savoir s'il y a accord ou non.

On écrit : *le peu de louis que vous avez* GAGNÉS *vous encouragent.* Qu'est-ce que vous avez gagné? Réponse : *des louis, mais en petite quantité.* Et les mots suivants : *vous encouragent,* prouvent qu'en effet *une certaine quantité de louis* est le vrai complément direct, et puisque cette réponse est conforme au sens de la phrase, et que le complément précède, il y a accord, c'est-à-dire que *gagnés* doit être au masculin et au pluriel, puisque le complément *louis* est du masculin et au pluriel.

N° LXIX.

DU PARTICIPE PASSÉ PRÉCÉDÉ DU PRONOM *en*.

Toutes les fois que le pronom *en* n'est pas précédé d'un régime direct, le participe qui suit reste invariable. Exemples.

Il crut voir des miracles et même *en* avoir *fait*.
Des soupçons, je n'*en* ai point *eu*.
Des revenants, personne n'*en* a *vu*.

De la jalousie, je n'*en* ai point *éprouvé*.
De mes lettres, il n'*en* a jamais *reçu*.
Des compliments, tu ne m'*en* as jamais *fait*.

N° LXX.

Le participe, au contraire, varie si le pronom *en* se trouve précédé d'un régime direct, comme cela a lieu dans les exemples suivants :

RÉGIMES DIRECTS.	SUJETS.	PRONOMS.	VERBES.	PARTICIPES.
Les soupçons que	j'	en	ai	*conçus.*
La jalousie que	j'	en	ai	*éprouvée.*
Les lettres qu'	il	en	a	*reçues.*
Les compliments que	vous	en	avez	*faits.*
Les échantillons que	nous	en	avons	*vus.*

Les soupçons que j'en ai conçus, c'est-à-dire les soupçons que j'ai conçus *de cela, à cette occasion*. Qu'est-ce que j'ai conçu ? *des soupçons*. Ces mots étant placés avant le participe, accord.

N° LXXI.

DU PARTICIPE PASSÉ ACCOMPAGNÉ DE *en* ET D'UN ADVERBE DE QUANTITÉ.

Le participe passé accompagné du pronom *en* est invariable toutes les fois qu'il est suivi d'un adverbe de quantité ; et variable, au contraire, si cet adverbe le précède. Exemples :

ADVERBES DE QUANTITÉ.

Placés avant le participe.

Le glaive a tué bien des hommes, la langue en a TUÉ *bien plus*.
J'en ai CONNU *beaucoup* qui ont fait la même chose.
Le Télémaque a fait quelques imitateurs ; les caractères de La Bruyère en ont PRODUIT *davantage*.
Ils eurent autant d'impatience d'aller à l'assaut qu'ils en avaient EU *peu* la veille.

Placés avant le participe.

Quant aux sottes gens, *plus* j'en ai CONNUS, *moins* j'en ai ESTIMÉS.
Il y a *beaucoup* d'APPELÉS et *peu* d'ÉLUS.
Combien n'en a-t-on pas VUS qui, après avoir été à la dernière extrémité, n'avaient aucun souvenir de ce qu'ils avaient senti ?
Autant d'ennemis il a ATTAQUÉS, *autant* il en a VAINCUS.

Dans les exemples à droite, le pronom *en* est précédé d'un adverbe de quantité qu'il détermine, et il remplace un nom pluriel. En effet, *plus j'en ai connus, moins j'en ai estimés*, est pour : *plus de gens j'ai connus, moins de gens j'ai estimés*. Le dernier exemple prouve qu'il serait incorrect de laisser le participe *vaincus* invariable, puisqu'on fait varier le participe *attaqués*; car *en*, dans le second membre de cette équation grammaticale, signifie d'*ennemis* : *autant d'ennemis il a attaqués, autant d'ennemis il a* VAINCUS.

N° LXXII.

DES PARTICIPES *coûté, valu, pesé, couru*, etc.

Dans quelque sens qu'ils soient pris, au propre comme au figuré, les participes *coûté, valu, pesé*, etc.. s'accordent toujours avec leur complément direct, toutes les fois que ce complément les précède. Exemples :

Les cent francs que cet habit a *coûtés*.	Les deux livres de cerises que cette femme a *pesées*.
Les sommes que son entretien m'a *values*.	Les cent livres que ce ballot a *pesées*.
Les peines que cette place m'a *values*.	Les cent louis que ce beau cheval a *coûtés*.
La considération que ce trait m'a *value*.	Les deux livres que cette boîte a *pesées*.

Je n'oublierai jamais les faveurs que votre recommandation m'a VALUES. Qu'est-ce que votre recommandation m'a valu ? Réponse : *des faveurs*; donc *faveurs* est complément direct; et, comme ce complément précède le participe, accord; même raisonnement pour tous les cas analogues.

N° LXXIII.

PARTICIPES PASSÉS PRÉCÉDÉS DE DEUX SORTES DE *que*.

Lorsque le *que* dont est précédé le participe passé est complément direct, le participe s'accorde; il reste invariable, au contraire, si *que* est mis pour *pendant que, durant que*. On dit donc d'après cela :

Avec accord.	*Sans accord.*
C'est une erreur qu'il a PLEURÉE lui-même.	Il ne vous a pas dit tous les jours qu'il a *pleuré* en secret.
L'évêque de Meaux a créé une langue QUE lui seul a PARLÉE.	Toutes les fois qu'il a *parlé* j'ai gardé le silence.
Comment vous peindre les tourments QUE j'ai SOUFFERTS ?	Que serait-ce s'il me fallait vous dire tous, les moments qu'elle a *souffert* sans murmurer ?
Je n'oublierai jamais les dangers QUE j'ai COURUS.	Comptez-vous pour rien les deux heures QUE j'ai *couru*?

Dans ces exemples, les mêmes participes sont écrits d'une manière différente, parce que le *que* dont ils sont précédés n'est pas le même dans les deux colonnes. Dans la première, il est complément direct, et doit en conséquence communiquer la variabilité au participe. Dans la seconde, au contraire, il est employé avec ellipse de la préposition *pendant*. Tous les jours *qu'il a pleuré*, c'est-à-dire tous les jours pendant lesquels il a *pleuré*; qu'est-ce qu'il a pleuré? point de réponse. Donc point d'accord.

Nº LXXIV.

Après les participes des verbes *vouloir, pouvoir, devoir, permettre,* on supprime quelquefois l'infinitif, comme dans les exemples suivants :

Je vous ai procuré tous les agréments que *j'ai pu* (c'est-à-dire que j'ai pu vous *procurer*).
On a eu pour lui tous les égards qu'on *a dû* (c'est-à-dire qu'on a dû *avoir*).

Il y a mis la condition qu'il *a voulu* (c'est-à-dire qu'il a voulu *y mettre*).
Ils ont donné à leurs enfants toute l'éducation que leur *a permis* leur fortune (c'est-à-dire que leur fortune leur a permis *de donner*).

Dans ce cas, le participe reste invariable, parce que le pronom relatif *que* est le complément des infinitifs sous-entendus. Mais on doit écrire :

Elle m'a payé les sommes qu'elle m'a *dues*.
Il veut fortement les choses qu'il a une fois *voulues*.

J'ai fait des démarches que mes parents m'ont *permises*.

Parce qu'ici il n'y a aucun mot sous-entendu, et que le pronom relatif *que* est le complément du participe qui suit.

Nº LXXV.

PARTICIPES PASSÉS DES VERBES UNIPERSONNELS.

Les participes des verbes unipersonnels sont toujours invariables. Exemples :

Les chaleurs excessives qu'il a *fait*.
Les orages multipliés qu'il y a *eu*,
Les mauvais temps qu'il a *fait*.
C'est une des plus grandes reines qu'il y ait *eu*.

La disette qu'il y a *eu* cet hiver.
Que de maux il en est *résulté* !
Que de réflexions n'a-t-il pas *fallu* !
Rappelez-vous les humiliations qu'il vous en a *coûté*.

Nº LXXVI.

PARTICIPES PASSÉS DES VERBES RÉFLÉCHIS.

Les participes des verbes réfléchis sont précédés du verbe *être;* mais ce verbe remplace toujours l'auxiliaire *avoir*. *Cette dame s'est* TUÉE; *ces courriers se sont* FATIGUÉS. C'est comme s'il y avait : cette dame a tué ELLE-MÊME; ces courriers ont fatigué EUX-MÊMES. C'est à cette propriété qu'a le verbe *être* de pouvoir se traduire par le verbe *avoir* qu'on distingue les participes réfléchis de tous les autres.

N° LXXVII.

Les participes des verbes réfléchis sont soumis aux mêmes règles que les participes précédés du verbe *avoir*, c'est-à-dire qu'ils varient si le complément direct précède, et qu'ils sont invariables dans le cas contraire.

Complément direct placé avant le participe.	*Complément direct placé après le participe.*
Ils se sont ADRESSÉS à moi.	Ils se sont ADRESSÉ *des lettres.*
La foule s'est AMASSÉE.	Ils se sont AMASSÉ *de la fortune.*
Elles *se* sont ASSURÉES de la vérité.	Elles se sont ASSURÉ *un revenu.*
Elles *se* sont BAISÉES au front.	Elles se sont BAISÉ *la main.*
Ils *se* sont CASSÉS comme verre.	Ils se sont CASSÉ *le cou.*
Ils *se* sont JETÉS à l'eau.	Ils se sont JETÉ *des pierres.*
Ils *se* sont DONNÉS au travail.	Ils se sont DONNÉ *la main.*
Elles *se* sont COUPÉES à la main.	Elles se sont COUPÉ *le pouce.*

Qui est-ce qui s'est adressé à moi? Réponse : *eux*; donc *eux* est le complément direct ; et comme ce complément est avant le participe, il y a accord.

Ils se sont adressé des lettres. Qu'est-ce qu'ils ont adressé à eux? Réponse : *des lettres*; donc *des lettres* est le complément direct, et comme ce complément est après le participe, celui-ci reste invariable.

N° LXXVIII.

Les verbes neutres *se plaire, se déplaire, se rire, se sourire, se succéder, se nuire, se suffire, se ressembler, se convenir,* etc., employés avec le pronom *se*, ont toujours leur participe passé invariable, ces verbes n'ayant pas de complément direct. Exemples :

La vigne s'est *plu* dans cet endroit.	Ils se sont *suffi* à eux-mêmes.
Les soldats se sont *ri* de ses ordres.	Elles se sont *nui* différentes fois.

N° LXXIX.

DU PARTICIPE *laissé* SUIVI D'UN INFINITIF.

Le participe *laissé*, suivi d'un infinitif, est assujéti à la même règle que les autres participes accompagnés d'un infinitif, c'est-à-dire qu'il s'accorde si le complément direct est avant le participe *laissé*, et qu'il est invariable si ce complément est après. Exemples :

Avec accord.	*Sans accord.*
Elle s'est *laissée* mourir.	Elle s'est *laissé* vaincre au sommeil.
Ils se sont *laissés* tomber.	Elle s'était *laissé* renfermer.
	Ils se sont *laissé* frapper.

Elle s'était *laissée* aller à la douceur de vivre.

Ils se sont *laissés* séduire par de belles promesses.

Elles se sont *laissées* aller à toute leur colère.

Elles se sont *laissées* tomber.

Ils se sont *laissé* surprendre par l'ennemi.

Elle s'était *laissé* tromper.

Ils se sont *laissé* emporter à la colère.

Ces hommes se sont *laissé* conduire en prison.

Elles se sont *laissé* chasser de leur propre maison.

Dans la première colonne, *laissé* varie, parce qu'il est placé devant un infinitif neutre ; car le complément direct ne pouvant appartenir à un verbe neutre, il faut bien l'attribuer au participe ; et comme ce complément précède le participe, ce dernier doit donc s'accorder en genre et en nombre avec le pronom *se*. Dans la seconde colonne, le participe *laissé* est placé devant un infinitif actif ; et comme le complément direct est celui de l'infinitif, voilà pourquoi le participe est invariable. *Elle s'est laissé renfermer*, c'est-à-dire *elle a laissé renfermer soi, elle.*

Nº LXXX.

DU PARTICIPE PASSÉ PRÉCÉDÉ DU PRONOM *l'* POUR *le* OU *la*.

Le participe passé est invariable quand il a pour complément direct le pronom *l'* représentant un membre de phrase, parce qu'alors *l'* est mis pour *cela* ; mais lorsque *l'* est pour *la* et rappelle un nom féminin, le participe s'accorde. On écrit donc :

Avec le participe invariable.	*Avec le participe variable.*
Cette difficulté, oui, je l'ai *reconnu*, est impossible à lever.	Cette difficulté, je l'ai *reconnue* comme impossible à lever.
Elle est venue nous trouver : qui l'eût *cru* ? Elle nous a fait mille politesses.	Cette personne est d'un bon conseil : qui l'eût *crue* s'en serait bien trouvé.
Cette vérité, je vous l'ai *déclaré*, doit rester ensevelie dans un profond oubli.	La vérité, je vous l'ai *déclarée* ; que voulez-vous de plus ?
Cette chose est arrivée sans qu'il l'ait *vu*.	La nouvelle était publique, et il ne l'a pas *sue*.
Cette assertion est fausse, vous l'avez démontré.	Cette vérité, telle que vous l'avez *démontrée*, doit frapper tous les esprits.
Cette personne n'est pas aussi adroite que je l'avais *cru*.	Cette personne est boiteuse, je l'ai bien *remarquée*.
Elle est plus raisonnable que je ne me l'étais *imaginé*.	Cette parole indiscrète, vous l'avez *articulée* sans y songer.
Elle est beaucoup plus grandie que je ne me l'étais *figuré*.	Cette action, de quelque manière que vous l'ayez *prise*, sous quelque rapport que vous l'ayez *envisagée*, a toujours dû vous paraître blâmable.
Elle est moins instruite qu'on ne me l'avait *dit*.	
Cette aventure est arrivée comme je l'avais *prévu*.	Cette personne, dans quelque endroit que vous l'ayez *vue*, de quelque distance que vous l'ayez *aperçue*, de quelque côté que vous l'ayez *suivie*, etc.
Cette affaire s'est passée de la manière que je l'avais *annoncé*.	

3.

Quand on dit : *Cette personne n'est pas aussi adroite que je l'*AVAIS CRU, c'est pour *que j'avais cru* CELA, c'est-à-dire *qu'elle était adroite*; *l'* étant mis pour *cela*, le participe est invariable. Mais en disant : *Cette difficulté, je l'*AI RECONNUE *comme impossible à lever, l'* est pour *la, elle ; j'ai reconnu* ELLE, CETTE DIFFICULTÉ, etc.; *l'* étant le pronom *la*, et ce pronom précédant le participe, l'accord doit avoir lieu.

Les limites dans lesquelles nous sommes obligés de nous renfermer ne nous ont pas permis d'entrer dans tous les développements nécessaires; mais on pourra consulter avec fruit le *Véritable Manuel des* PARTICIPES, ou *la science des Participes mise à la portée de tout le monde*, ouvrage accompagné de nombreux exercices.

Un fort volume in-18. — Prix, broché : 3 fr.

DICTIONNAIRE

GRAMMATICAL ET USUEL

DES PARTICIPES.

A.

ABAISSANT (*abéçan*). Participe présent de *abaisser*, v. a. de la 1re conjugaison, qui signifie : rendre plus bas, faire aller en bas, déprimer, humilier, avilir ; il est invariable. Un homme *abaissant* une muraille. Des hommes *abaissant* une muraille. Une femme *abaissant* son voile. Des femmes *abaissant* leur voile.

§ 1. Demande toujours après lui un complément ou régime direct : *abaissant* un store. *Abaissant* la voix. *Abaissant* les esprits altiers. *Abaissant* la gloire des autres. *Abaissant* les Grecs. *Abaissant* une table. *Abaissant* ses regards. *Abaissant* une ligne perpendiculaire. *Abaissant* une équation.

§ 2. S'emploie avec les pronoms personnels *me*, *te*, *se*, au propre comme au figuré : m'*abaissant*, t'*abaissant*, s'*abaissant* : le terrain s'*abaissant* et ouvrant un abîme (Fénelon). Le soleil s'*abaissant* sur l'horizon. Sa voix, son ton s'*abaissant* à mesure que son esprit se calme. Les deux combattants s'allongeant, se pliant, s'*abaissent*. La voûte s'*abaissant* (Fontenelle). La poussière s'*abaissant* (Thomas). Le chameau s'*abaissant* sur le ventre (Buffon). Tantôt, après ses prières accoutumées, s'*abaissant* jusqu'à son néant, ou s'élevant jusqu'à Dieu par la foi (Fléchier). — C'est à tort que l'abbé Girard, dans ses synonymes, ne donne au verbe s'*abaisser* que le sens figuré, puisque, comme on le voit, on trouve de nombreux exemples du sens propre dans les écrivains. L'Académie avait commis la même erreur, mais elle l'a réparée dans la dernière édition de son Dictionnaire.

§ 3. Se construit avec la préposition *en* : Dieu *en abaissant* à ses pieds toute la puissance du monde.... (Bossuet). Les grands, placés si haut, ne sauraient plus trouver de gloire qu'*en s'abaissant* (Massillon). Il ne craint plus de s'avilir *en s'abaissant* (id.). On cherche à s'élever *en abaissant* les autres (Acad.). Le télescope, *en abaissant* les cieux, a offert à Herschell de nouveaux astres et de nouvelles planètes (Sénebier).

§ 4. *Abaissant* peut s'employer comme adjectif, dans le sens d'humiliant ; dans ce cas, il s'accorde : Un ton *abaissant*, une fierté *abaissante*. Aucun ministère n'a suivi une politique aussi *abaissante* (Gustave de Beaumont).

§ 5. *Syn.* abaissant, baissant. Il nous semble, dit Laveaux, que l'abbé Girard n'a pas indiqué avec assez d'exactitude et de clarté la différence entre les verbes *baisser* et *abaisser*. *Abaisser* a toujours rapport à un point élevé ; *baisser* à un point bas. On *abaisse* une chose pour qu'elle ne soit pas si haute ; on la *baisse* pour qu'elle soit basse. Si un mur m'empêche, par sa hauteur, d'avoir la vue sur la campagne, je le fais *abaisser* ; si je veux pouvoir m'appuyer dessus, et qu'il ne soit pas assez bas pour cela, je le fais *baisser* jusqu'à hauteur d'appui. Si une femme, développant entièrement son voile, le fait descendre aussi bas qu'il peut s'étendre, elle le *baisse*, parce qu'elle veut qu'il soit bas, pour cacher ce qu'elle ne veut pas laisser voir. S'il était fixé sur le haut de sa tête, et qu'elle voulût le fixer sur son front, elle l'*abaisserait*, parce qu'elle voudrait le placer moins haut. On *baisse* le dessus d'une cassette qui est entièrement levé, afin qu'étant bas il couvre l'ouverture qu'il doit couvrir. On *abaisse* le dessus d'une cassette lorsque, n'étant baissé qu'en partie, il est trop haut pour remplir sa destination. C'est dans le même sens qu'on *baisse* ou qu'on *abaisse* un pont-levis, la visière d'un casque, etc. On *baisse* la tête, les bras, les yeux, les paupières, qu'on dirige en bas; mais, dans le langage des arts, on *abaisse* la tête, les bras, les yeux, les paupières d'une figure, lorsque l'on veut les placer dans une position moins élevée, soit pour se conformer aux règles générales de l'art, soit pour mieux exprimer la passion qu'on a en vue. *Baisser* ses regards sur un objet, c'est les diriger en bas pour regarder cet objet. *Abaisser* ses regards sur un objet suppose une élévation de laquelle on descend en portant ses regards sur un objet très inférieur, comme indigne de nous.

ABAISSÉ, ÉE, ÉS, ÉES (*abécé*). Participe passé du verbe *abaisser*.

§ 1. Employé sans auxiliaire, il s'accorde toujours : Un Dieu *abaissé* jusqu'à nous (Bourdaloue). Le voilà mort, sa famille *abaissée* et le roi rétabli (Pascal). Il ne peut relever sa queue comme le lion; mais elle lui sied mieux, quoique *abaissée* (Buffon). Cependant l'obscurité redouble, les nuages *abaissés* entrent dans l'ombrage des bois (Chateaubriand). Le soleil a calmé sa fureur; son disque *abaissé* n'envoie plus qu'une chaleur vivifiante (Deleuze).

Ils verraient par ce coup leur puissance *abaissée*.
Racine.

Nous verrons aujourd'hui leur audace *abaissée*.
Voltaire.

Déjà sur le pressoir ces restes entassés
Gémissent sous le poids des arbres *abaissés*.
Castel.

Autour de vos carrés, les uns, dans les jardins,
Sur leurs troncs *abaissés* demeurent toujours nains.
Idem.

Sion jusques au ciel élevée autrefois,
. . . Jusqu'aux enfers maintenant *abaissée*.
Racine.

§ 2. Précédé du verbe *être*, il s'accorde également : Dans la tristesse la paupière est *abaissée* à demi (Buffon). La tête est *abaissée* en avant dans l'humilité (id.). Comme l'âme élève le corps à elle en le gouvernant, elle est *abaissée* au-dessous de lui par les choses qu'elle en souffre (Bossuet). Aujourd'hui il est *abaissé* au-dessous de nous (Massillon). S'ils sont plus grands que nous, ils sont aussi *abaissés* que nous, que les enfants, que les bêtes (Pascal). La vraie austérité du christianisme, c'est d'aimer à être *abaissé* (Bourdaloue).

Cette fierté si haute est enfin *abaissée*.
Racine.

§ 3. Il en est de même lorsqu'il est précédé d'un verbe autre que *être* et *avoir* : Sa gloire me semble, me paraît considérablement *abaissée*.

§ 4. Précédé du verbe *avoir* (régime placé après), il ne s'accorde pas. Elle avait *abaissé* son voile. Il a *abaissé* la voix. La main du sommeil avait *abaissé* leurs paupières. Il avait *abaissé* sa grandeur royale sous l'humilité chrétienne (Fléchier). Vous avez protégé les lettres, *abaissé* l'orgueil des grands (Fénelon). Après avoir *abaissé* un clergé ignorant et barbare, il osa essayer de l'instruire (Voltaire).

§ 5. Précédé du verbe *avoir* (régime placé avant), il s'accorde : La fortune relève tout-à-coup ceux qu'elle a le plus *abaissés* (Fénelon). Toutes les puissances qu'il avait *abaissées*. Les uns ont élevé l'homme en découvrant ses grandeurs. Les autres l'ont *abaissé* en représentant ses misères (Pascal). Les grands noms qu'il a *abaissés*.

§ 6. Construit avec le pronom personnel (régime direct), accord : Un Dieu qui s'est *abaissé*! (Bourdaloue). La voûte s'étant *abaissée* (Fontenelle). L'élévation est une suite nécessaire et ₐ récompense naturelle de celui qui s'est *abaissé* (Fléchier). L'utilité justifie l'astronome de s'être *abaissé* jusqu'à l'arpentage (Fontenelle).

§ 7. Construit avec le pronom personnel (régime indirect), non accord : Elles se sont *abaissé* leurs robes.

§ 8. *Abaissé par*. Le participe *abaissé* ne peut jamais être suivi de la préposition *de*; il exige après lui la préposition *par* : Comme l'âme élève le corps à elle en le gouvernant, elle est *abaissée* au-dessous de lui *par* les choses qu'elle en souffre (Bossuet). Dans le parterre on aime les bravades ; on se plaît à voir la puissance *abaissée* par la grandeur d'âme (Voltaire).

Ils verraient *par* ce coup leur puissance *abaissée*.
　　　　　　　　　　Racine.

§ 9. *Syn. abaissé, rabaissé, ravalé, avili*. On est *abaissé* par la détraction, *rabaissé* par le mépris, *ravalé* par la dégradation, *avili* par l'opprobre. Le grand homme peut être *abaissé, humilié, ravalé*, mais non pas *avili* (Roubaud).

Abaliénant (*abaliénan*). Participe présent de *abaliéner*, v. a. de la 1ʳᵉ conjugaison, terme de droit qui signifie aliéner, passer l'acte par lequel un Romain stipulait une abaliénation. Toujours invariable et toujours suivi d'un régime direct : *abaliénant* des meubles, *abaliénant* des bestiaux. Le verbe *abaliéner* ne se trouve pas dans le Dictionnaire de l'Académie.

Abaliéné, ÉE, ÉS, ÉES (*abaliéné*). Participe passé d'*abaliéner*. Des meubles *abaliénés*. Des bestiaux *abaliénés*. Ces meubles ont été *abaliénés*. Il avait *abaliéné* ses meubles. Les meubles qu'il avait *abaliénés*. Ils se sont *abaliéné* leurs meubles. Toujours suivi de la préposition *par* : Les meubles qui ont été *abaliénés* par lui.

Abalourdissant (*abalourdiçan*). Participe présent de *abalourdir*, v. a. de la 2ᵉ conjugaison, que l'Académie ne

met point dans son dictionnaire, bien qu'on l'emploie dans le discours familier, pour signifier abrutir, rendre stupide à force de mauvais traitements, imprimer une crainte stupide.

§ 1. Comme participe, il est toujours invariable, et demande toujours après lui un régime direct : Que de maîtres s'imaginent corriger les enfants en les *abalourdissant* !

§ 2. Peut s'employer comme adjectif ; dans ce cas, il est variable. Principalement pour l'enfance, la grossière rudesse est toujours *abalourdissante*.

Abalourdi, ɪᴇ, ɪs, ɪᴇs (*abalourdi*). Participe passé du verbe *abalourdir*.

§ 1. Employé sans auxiliaire, il s'accorde toujours : Un enfant *abalourdi* : une jeune fille *abalourdie* ; des enfants *abalourdis*.

§ 2. Employé avec le verbe *être*, il s'accorde également : Tant que l'enfant est sous le bâton, tant qu'il est *abalourdi*, il est craintif. Ces enfants sont tout *abalourdis*.

§ 3. L'accord a également lieu avec un verbe autre que *être* et *avoir* : Ces enfants paraissent *abalourdis*.

§ 4. Précédé du verbe *avoir*, il reste invariable quand le régime est après : Vous avez *abalourdi* cet enfant, cette jeune fille.

§ 5. Mais il s'accorde quand le régime est avant : Les enfants que vous avez *abalourdis*.

§ 6. Il régit toujours la préposition *par* : On est *abalourdi* par une suite de mauvais traitements (Laveaux).

§ 7. *Syn. abalourdi, abasourdi*. On est *abalourdi* par une suite de mauvais traitements, et on reste *abalourdi*. On est *abasourdi* par une nouvelle affligeante et inattendue, et on revient de l'abattement qu'elle a causé.

Abandonnant (*abandonnan*). Participe présent de *abandonner*, v. a. de la 1ʳᵉ conjugaison, qui signifie quitter, délaisser entièrement, céder, négliger, livrer, laisser en proie à, remettre, confier.

§ 1. Toujours invariable et toujours

accompagné d'un régime : Les enfants *abandonnant* la maison de leurs pères pour aller vivre dans les déserts (Pascal). *Abandonnant* les intérêts de Dieu par des considérations politiques (Fénelon). Les *abandonnant* par ennui, par crainte (id.). Christine *abandonnant* le trône pour les beaux-arts (Voltaire). Les négresses livrent leurs enfants aux chances de la servitude, les *abandonnant* ainsi de plein gré après les avoir amollis par leurs anciennes caresses (Roger de Beauvoir).

Louis, la foudre en main, *abandonnant* Versailles.
Boileau.

Tous ses amis l'*abandonnant* (Boss). Sophie eut toujours la principale autorité, *abandonnant* Iwan à son incapacité (Voltaire). Désespérant des événements, *abandonnant* le monde et ma sphère naturelle, je me livrai à l'étude, et, sous un nom emprunté, je refis mon éducation en essayant de travailler à celle d'autrui (Las-Cases).

A la voix des chrétiens *abandonnant* sa proie,
Des corps qu'il tourmentait il s'enfuit consterné.
L. Racine.

Tandis qu'*abandonnant* la terre,
Je m'élancerais vers le ciel,
Et de son temple de lumière
J'irais contempler l'Éternel.
Aimé Martin.

§ 2. S'emploie avec les pronoms personnels : s'*abandonnant* au désespoir, m'*abandonnant* à la douleur, t'*abandonnant* aux plaisirs. Nous *abandonnant* à Dieu sans réserve (Fénelon). Les Étoliens s'*abandonnant* par un traité solennel à la foi du vainqueur (Théis).

§ 3. Se construit avec en : En *abandonnant* les prisonniers aux Carthaginois (Bossuet). En vous *abandonnant* à vous-même et à votre cruelle destinée (id.). En s'*abandonnant* à l'ambition, à l'amour, à l'avarice, au désespoir. En s'*abandonnant* ainsi à son ennemi, il compta sur sa générosité et il se trompa (Anquetil). Le roi d'Angleterre, en *abandonnant* son favori, enhardit un peuple qui respirait la guerre et haïssait les rois (Voltaire).

ABANDONNÉ, ÉE, ÉS, ÉES (*abandoné*). Participe passé du verbe *abandonner*.

§ 1. Employé sans auxiliaire, accord : Le voyez-vous seul, *abandonné* (Bossuet). Tantôt je lui mettais sur la tête une couronne de ces mauves bleues que nous trouvions sur notre route, dans des cimetières indiens *abandonnés* (Chateaubriand). Il n'y a pas d'ancien château, ou de tour *abandonnée*, que ne fréquente ou n'habite la crécerelle (Buffon). Il la trouva seule, *abandonnée* et abîmée dans la douleur (Fénelon). Des mourants *abandonnés* qui n'avaient pas eu la force de fuir (Fontenelle). Le prince se vit quelque temps *abandonné*, mais son courage ne l'abandonna pas (Bossuet). On aperçoit dans ce fameux Calderon la nature *abandonnée* à elle-même (Voltaire). Cette science n'était presque plus qu'une pratique *abandonnée* le plus souvent à des ouvriers peu intelligents et grossiers (Fontenelle). Un insulaire *abandonné* et content de son sort fait l'éloge du cocotier qui fournit à tous ses besoins (Saintine). Pour savoir comment toutes les superstitions s'établirent, il me semble qu'il faut suivre la marche de l'esprit humain *abandonné* à lui-même (Voltaire).

L'âme *abandonnée* à ses remords secrets,
A toujours son supplice et ses bourreaux tout prêts.
Voltaire.

A d'éternels chagrins votre âme *abandonnée*,
Pouvait tarir d'un mot leur source empoisonnée.
Crébillon.

Qui peut voir sans effroi ces couches d'ossements,
Tous ces débris de l'homme *abandonnés* aux vents ?
Crébillon.

Voltaire a dit :

Dans un cachot affreux, *abandonné* vingt ans,
Mes larmes t'imploraient pour mes tristes enfants.

Girault-Duvivier, dans sa *Grammaire des grammaires*, critique ces sortes de constructions. Le participe passé, dit-il, mis au commencement d'une phrase, doit toujours se rapporter d'une manière précise et sans équivoque à un nom ou à un pronom placé après, soit en sujet, soit en régime. Tout en reconnaissant la bonté de ce principe en général, nous n'en admettons pas toutes les conséquences, et nous croyons les vers de Voltaire au-dessus de tout reproche. En effet, qui ne voit que, dans ces vers, le participe *abandonné* ne peut se rapporter qu'à *me* (moi abandonné), puisqu'il est impossible d'attribuer le participe qui est au masculin singulier, à *larmes* qui est du féminin pluriel? Cette construction, pour être elliptique, n'en est pas moins bonne, moins correcte; elle est d'ailleurs fort usitée. Analogue à l'ablatif absolu des Latins, elle se trouve dans la plupart des idiomes modernes. Pourquoi donc vouloir en appauvrir le nôtre? Ce serait le priver sans raison d'une tournure qui donne une grande vivacité au style. (Voir la *Grammaire nationale*, page 223, et le *Manuel des Participes*).

§ 2. Précédé du verbe *être*, accord : L'homme fortuné fut *abandonné* de la fortune (Fénelon). Les terres étaient *abandonnées* par les laboureurs (Voltaire). Je méritais d'être privé de votre secours et d'être *abandonné* à moi-même (Fénelon). Lorsque les grands talents sont livrés et *abandonnés* à eux-mêmes (d'Aguess.). Croyez-vous que votre vie soit *abandonnée* aux vents et aux flots (Fénelon)? Non, mes enfants, vous ne serez pas *abandonnés*; le ciel prendra soin de vous (Bern. de Saint-Pierre). Vous êtes dans une partie de l'île de Naxos où Ariane fut autrefois *abandonnée* par Thésée (id.). Il semble que l'être qui pense soit *abandonné* et solitaire au milieu de l'univers physique (Thomas). Les puissances de la terre ne sont *abandonnées* ni aux jeux du hasard ni aux lois monotones du mouvement (Bern. de Saint-Pierre). Les machines épiques sont tout-à-fait *abandonnées*, et cette faculté de l'esprit qui invente et qui organise sera réduite à se cacher dans le minutieux arrangement des phrases (Michaud). La prétendue légèreté des femmes vient de ce qu'elles ont peur d'être *abandonnées*; elles se précipitent dans la honte par crainte de l'outrage (Mᵐᵉ de Staël). Quel plaisir d'aller

dans le bois chercher la première violette, épier le premier bourgeon, et s'écrier dans un premier saisissement de joie : Mortels, vous n'êtes pas *abandonnés*, la nature vit encore (J.-J. Rousseau)!

§ 3. Précédé d'un verbe autre que *être* et *avoir*, accord : Ce merveilleux gnomon demeurait *abandonné*, négligé, dans l'église de Sainte-Pétronne (Fontenelle). Cette ville restait *abandonnée* à ses propres forces (Barthélemy). Comment se résoudre sans mourir à paraître si malheureuse et *abandonnée* devant celles qui la servaient il n'y avait pas plus d'une heure (La Fontaine)? Quand les calamités sociales affligent un pays, les peuples doivent se croire *abandonnés* par la divinité (Mᵐᵉ de Staël).

Dussent mes ossements, sans honneur et sans gloire,
Languir *abandonnés* aux champs de la victoire.
             Aimé Martin.

De l'univers entier je meurs *abandonnée*.
             Voltaire.

Pourriez-vous demeurer errante, *abandonnée*?
             Idem.

Qu'à cet espoir trompeur il reste *abandonné*.
             J.-B. Rousseau.

De mille factions mère désordonnée,
Florence à leurs fureurs vivait *abandonnée*.
             Delille.

§ 4. Construit avec le verbe *avoir* (régime placé après), non accord : J'ai *abandonné* Ithaque pour chercher mon père (Fénelon). Après avoir généreusement *abandonné* la maison de mes proches (Massillon). Philippe Arabe est le premier qui ait *abandonné* par traité quelques terres de l'empire (Bossuet). Dieu permet qu'on nous abandonne comme nous avons *abandonné* les autres (Bourdaloue). Dieu n'a pas *abandonné* ses élus aux caprices du hasard (Pascal). Est-il possible que tous les pères aient *abandonné* leurs filles aux palefreniers de l'Asie (Voltaire)? Les habitants auront *abandonné* la ville lorsque l'ennemi y entrera (Vertot) Si les peintres littéraires ont *abandonné* les admirables scènes de la vie de province, ce n'est ni par dédain, ni faute d'observations;

peut-être y a-t-il impuissance (de Balzac).

Avons-nous sans votre ordre abandonné Mycène ?
Racine.

O Dieu qui vois former des destins si funestes ,
As-tu donc de Jacob abandonné les restes ?
Racine.

Il eût avec le trône abandonné la vie.
Piron.

§ 5. Construit avec le verbe *avoir* (régime placé avant), accord : Lui seul peut vous tenir lieu de tout ce que vous avez *abandonné* pour lui (Massillon). La fortune l'avait *abandonné* au commencement de la campagne (id.). Je l'ai *abandonné* à lui-même (Pascal). Je n'avais pas la force de reprendre l'autorité que je lui avais *abandonnée* (Fénelon). Elle rendit victime de la même calomnie tous ceux qui l'avaient *abandonnée* dans son embarras au moment du meurtre de son époux (Anquetil). Je l'aurais entièrement *abandonné* s'il n'avait pas voulu suivre mes conseils (Diderot). Une sueur de sang coula le long de ses joues divines ; il se plaignit que son père l'avait *abandonné* (Chateaubriand). Quittons ces froides régions que la nature semble avoir *abandonnées* (Malte-Brun).

§ 6. Construit avec les *pronoms personnels* (régime direct), accord : Ils se sont *abandonnés* à la colère (Bescher). La justice que Dieu exercera sur nous pour nous être *abandonnés* à nous-mêmes (Bourdaloue). Pygmalion s'était *abandonné* à des scélérats (Fénelon). Elle s'est entièrement *abandonnée* à lui (Girault-Duvivier). Elles s'étaient *abandonnées* dans les airs, comme si elles eussent voulu se laisser tomber (La Fontaine). Le moindre défaut des femmes qui se sont *abandonnées* à faire l'amour, c'est de faire l'amour (La Rochefoucauld).

. . . . A la violence
Ou regrette souvent de s'être abandonné.
Stassart.

§ 7. Construit avec les *pronoms personnels* (régime indirect), non accord ; Ils se sont *abandonné* leurs biens au

dernier vivant (Bescher). Si cependant *abandonné* était précédé d'un régime direct , il s'accorderait : Les biens qu'ils se sont *abandonnés* au dernier vivant (Bescher).

§ 8. *Abandonné*, dans le sens de, qui n'est retenu par aucune loi, par aucune considération, par aucune pudeur, peut s'employer au superlatif. Il faut que vous passiez pour les plus *abandonnés* calomniateurs qui furent jamais (Pascal). Le pécheur le plus dissolu, le plus faible, le plus *abandonné*. On voit que, dans des exemples analogues, le participe *abandonné* peut se placer avant ou après son substantif.

§ 9. *Abandonné*, précédé de deux substantifs liés par la préposition *avec*, s'accorde ordinairement avec le premier : Presque toute la Livonie, avec l'Estonie entière, avait été *abandonnée* par la Pologne au roi de Suède (Voltaire). Nous disons ordinairement, car quelques écrivains l'ont mis aussi au pluriel. (Voir la *Grammaire nationale*, p. 212 et 698, et le *Manuel des Participes*.)

§ 10. *Abandonné de*. Quand *abandonner* signifie laisser sans secours, se séparer de, on dit : *abandonné de* : Trahi par l'un, renié par l'autre, *abandonné* de tous (Pascal). Tryphon se vit tout-à-coup *abandonné* des siens (Bossuet). Le malheureux Arbogaste, *abandonné* des Dieux et des hommes (Fléchier). Il se vit tout-à-coup *abandonné* des deux partis (id.). Ils se virent bientôt *abandonnés* de la meilleure partie de leurs sectateurs (id.). Au moment que je me vis *abandonné* de tous les Grecs par les conseils d'Ulysse (Fénelon). L'homme fortuné fut *abandonné* de la fortune (id.). Rome *abandonnée* de tous les Italiens (Montesquieu). Le peuple romain presque toujours *abandonné* de ses souverains (id.). *Abandonné* de tous les secours de l'art (Massillon). M. Méry se sentit tout-à-coup *abandonné* de ses jambes (Fontenelle). Si nous fûmes quelquefois *abandonnés* de la fortune, le courage ne nous manqua pas (Chateaubrand). Une orpheline *abandonnée* de la société, à cet âge où de cruelles séductions sourient à la beauté ou à l'innocence, savait du moins qu'il y avait un asile où l'on ne se ferait pas un jeu de la tromper (id.).

Hélas! à quels soupirs suis-je donc condamnée,
Moi qui, de mes parents toujours *abandonnée*,
Étrangère partout, n'ai pas, même en naissant,
Peut-être reçu d'eux un regard caressant!
       Racine.

Ou tel *abandonné* de ses poutres usées
Fond enfin un vieux toit.
       Boileau

De l'univers entier je meurs *abandonné*.
       Voltaire.

    . . . . . Et son âme étonnée
De tout ce grand pouvoir se vit *abandonnée*.
       Racine.

Quand le régime indirect d'*abandonné* est accompagné d'un adjectif, on dit : *abandonné par* : Abandonné par de lâches disciples (Voltaire).

Un père *abandonné* par un fils furieux.
       Racine.

On met encore *par* s'il y a dans la phrase quelque opposition de noms ou de verbes : L'autorité de l'église usurpée par les uns, et *abandonnée* par les autres (Voltaire). Trahie par sa sœur, *abandonnée* par son amant (id.). Reconnue d'une partie de l'armée, *abandonnée* par l'autre (id.). Voltaire a mis *reconnue d'une*, et non *reconnue par une*, afin d'éviter la mauvaise consonance *par une partie*.

§ 11. *Abandonné par*. Quand *abandonner* signifie livrer, quitter, renoncer, on dit toujours *abandonné par* : Abandonné par le roi à la fureur de ses ennemis (Voltaire). Les terres étaient *abandonnées* par les laboureurs (id.). Le grand ouvrage de la jonction du Tanaïs et du Volga *abandonné* par l'allemand Brakers (id.). Quand par Idoménée l'île de Jupiter se vit *abandonnée* (id.). Presque toute la Livonie, avec l'Estonie entière, avait été *abandonnée* par la Pologne au roi de Suède (id.). Lorsque Omer s'empara de Jérusalem, il paraît que l'espace du temple, à l'exception d'une très petite

partie, avait été *abandonné* par les chrétiens (Chateaubriand). Les hommes, tout ingrats qu'ils sont, s'intéressent toujours à une femme tendre, *abandonnée* par un ingrat (Voltaire).

§ 12. *Abandonné* se construit avec la préposition *à* : Virginius tua sa fille pour ne pas la laisser *abandonnée* à la passion d'Appius (Bossuet).

ABASOURDISSANT (*abazourdiçan*). Participe présent de *abasourdir*, v. a. de la 2ᵉ conjugaison qui signifie étourdir, étonner, consterner, accabler.

§ 1. Invariable, employé comme verbe : Cette nouvelle, les *abasourdissant* tous, les mit hors d'état de rien dire.

§ 2. Variable, employé comme adjectif; et alors il se place toujours après son substantif : Quel bruit *abasourdissant*! Quelle nouvelle *abasourdissante*!

§ 3. Se construit avec la préposition *en* : Vous nous fatiguez en nous *abasourdissant* ainsi.

§ 4. S'emploie figurément avec les pronoms personnels : Que de gens vont s'*abasourdissant* tous les jours dans les plaisirs! C'est donc à tort que l'Académie n'indique pas le verbe pronominal s'*abasourdir*.

ABASOURDI, IE, IS, IES (*abasourdi*). Participe passé du verbe *abasourdir*, vieux mot qui se dit encore et qu'il ne faut pas confondre avec *abalourdir*. On est habituellement *abasourdi*; on est *abasourdi* par une nouvelle affligeante et inattendue, et l'on revient de l'abattement qu'elle a causé. *Abalourdi* suppose une répétition de causes et un effet permanent; *abasourdi* suppose une cause subite, un effet passager.

§ 1. S'emploie au propre et au figuré, mais familièrement dans les deux sens; il se place toujours après le substantif.

§ 2. Employé sans auxiliaire, accord : Un homme *abasourdi*, une femme *abasourdie*, des gens *abasourdis*, des personnes *abasourdies*. Je les ai trouvés l'un et l'autre attérés, *abasourdis* (J.-J. Rousseau).

§ 3. Précédé du verbe *être*, accord : J'ai été *abasourdi* de ce coup de tonnerre (Académie). Nous avons été *abasourdis* d'un tel bruit (id.).

§ 4. Précédé du verbe *avoir* (régime placé après) non accord : Ce coup de foudre a *abasourdi* tout le monde. Ces nouvelles ont *abasourdi* toute la société. Une telle disgrâce a *abasourdi* sa pauvre femme. Ce procès a tout *abasourdi* ces gens.

§ 5. Précédé du verbe *avoir* (régime placé avant), accord : Ce coup de tonnerre nous a *abasourdis* (Académie). Cette nouvelle l'a *abasourdi*, l'a tout *abasourdi* (id.).

§ 6. Napoléon Landais est le seul de tous les lexicographes qui indique le verbe pronominal *s'abasourdir*. Nous croyons que c'est à tort que l'Académie n'en parle pas dans son Dictionnaire, car on dit très bien, figurément : Ces gens cherchent à *s'abasourdir*. Le participe *abasourdi* peut, par conséquent, s'employer avec les pronoms personnels. Dans ce cas, il y aurait accord, le pronom étant toujours régime direct : Ils se sont *abasourdis*. Elles se sont *abasourdies*.

§ 7. On dit *abasourdi de* et *abasourdi par* : J'ai été *abasourdi* de ce coup de tonnerre (Académie). On est *abasourdi* par une nouvelle affligeante et inattendue (Laveaux).

ABATARDISSANT (*abâtardiçan*). Participe présent de *abâtardir*, v. a. de la 2ᵉ conjugaison, qui signifie faire dégénérer, altérer le naturel. S'emploie au propre et au figuré : Le défaut de soins *abâtardissant* cette race d'animaux (Académie). Une longue servitude *abâtardissant* le courage (Id.).

§ 1. Variable, employé avec les noms de choses seulement : C'est une chose *abâtardissante*, ce sont des choses *abâtardissantes*.

§ 2. S'emploie avec la préposition *en* : La mauvaise culture, en *abâtardissant* ces arbres, les rend improductifs.

§ 3. Se construit avec les pronoms personnels : Ce plant de vigne *s'abâtardissant* de jour en jour (Académie). Que de gens vont *s'abâtardissant* dans l'oisiveté, dans les délices (id.).

ABATARDI, IE, IS, IES (*abâtardi*). Participe passé du verbe *abâtardir*. S'emploie au propre et au figuré.

§ 1. Sans auxiliaire, accord : Cœur *abâtardi*, race *abâtardie*, jeunes gens *abâtardis* (Académie). Jamais on n'a vu notre empire si lâche, si efféminé, si *abâtardi*, si indigne des anciens Romains (Bossuet). L'espèce semble dédaigner les races domestiques, les regarder comme des êtres *abâtardis*, stupides, qui fléchissent lâchement en esclaves sous les fers du despotisme (Virey).

§ 2. Précédé du verbe *être*, accord. Ce plant de vigne est *abâtardi*, ces enfants sont *abâtardis*.

§ 3. Précédé du verbe *avoir* (régime placé après) non accord : Le défaut de soins a tout-à-fait *abâtardi* cette race d'animaux (Académie). Une longue servitude lui a *abâtardi* le courage (id.).

§ 4. Précédé du verbe *avoir* (régime placé avant), accord : Les jeunes gens que l'oisiveté et les délices ont *abâtardis* ne sont plus propres à rien.

§ 5. Construit avec les pronoms personnels (régime direct), accord : La nature seule ne s'est jamais *abâtardie* (Boiste). Cette race s'est *abâtardie*. Ce plant de vigne s'est *abâtardi* (id.). Les plus heureux talents se sont *abâtardis* dans l'oisiveté (id.).

§ 6. Construit avec les pronoms personnels (régime indirect), non accord : Ils se sont *abâtardi* l'esprit, le courage, le jugement.

§ 7. Régit toujours *par* : *Abâtardi par la débauche; par défaut de soins; abâtardi* par les plaisirs.

ABATTANT (*abatan*). Participe présent de *abattre*, v. a. de la 4ᵉ conjugaison, qui signifie jeter à bas, renverser, démolir, affaiblir, abaisser, décourager, ruiner, accabler, vaincre, faire cesser. Quelle que soit sa position, il est toujours verbe, et n'exprime que l'action : il est donc toujours invariable, et veut toujours après lui un régime indirect : Des hommes *abattant* des arbres. Des soldats *abattant* des remparts. L'infortune *abattant* le courage. *Abattant* un ennemi orgueilleux. *Abattant* les Goths par des victoires signalées. Les pluies *abattent* un grand vent. *Abattant* de la besogne. *Abattant* des animaux. *Abattant* un vaisseau. La mort *abattant* sans ressources toutes les grandeurs imaginaires (Bossuet). *Abattant* toutes les idoles (Pascal). Coupant l'arbre, *abattant* les fruits (Bossuet). Lorsqu'il allait d'un bout de la terre à l'autre *abattant* les monstres (Massillon).

§ 1. Construit avec le pronom personnel, *abattant* est toujours invariable : s'*abattant* et se désolant.

§ 2. Se construit avec *en* : En *abattant* toutes les idoles. En *abattant* les temples. En *abattant* les monstres. Les forces d'Attala commençaient à l'abandonner, et les passions, en *abattant* son corps, allaient triompher de sa vertu (Chateaubriand). Semblables à des démons hideux, les maladies épidémiques parcourent les campagnes, flétrissent la nature, répandent la désolation, et renversent tous les projets des hommes, en *abattant* à la fois leur courage, leurs forces et leur orgueil (Deleuze).

§ 3. En s'*abattant*, peu usité dans le sens figuré; on dit plutôt en se laissant *abattre*, et dans ce cas, *abattre* peut être suivi de *à* ou *par* : En se laissant *abattre* à la tristesse (Pascal). En se laissant *abattre* par la tristesse (Bourdaloue). En se laissant *abattre* à la douleur, aux rigueurs de la fortune, ou en se laissant *abattre* par la douleur, par les rigueurs de la fortune (Fénelon).

§ 4. S'emploie comme substantif : Un *abattant*, des *abattants*. Ce mot est admis dans le Dictionnaire de l'Académie. Boiste, Laveaux et Gattel l'écrivent avec un seul *t*. Un *abattant* est une espèce de dessus de table, qui,

chez les marchands de draps, s'élève ou s'abat, suivant le jour qu'on veut donner au lieu où l'on veut. Dans les comptoirs, ce sont certaines parties des tablettes que l'on serre avec des briquets, pour les lever et baisser lorsqu'on veut sortir de leur enceinte. C'est aussi une pièce qui descend les platines. Enfin, on désigne par ce mot la partie d'un métier à bas, dont l'extrémité s'ajuste dans les charnières des épaulières.

ABATTU, UE, US, UES (*abatu*), participe passé du verbe *abattre*.

§ 1. Employé sans auxiliaire, il s'accorde toujours : Pendant qu'il s'occupe à relever le prince *abattu* (Bossuet). Les bois *abattus* font place aux champs, aux pâturages, aux hameaux (id.). Les voiles *abattues* ne pouvaient plus animer le vaisseau (Fénelon). Il ne craint pas de faire revivre l'espérance *abattue* de la pécheresse (Bossuet). Ces colonnes *abattues* formaient la majesté du temple (Volney). Un vieillard, flétri par l'orage des passions qui ont tourmenté sa vie, *abattu* par le temps, n'offre à la fin de sa carrière que les débris d'un grand naufrage (Beauchêne). Israélites, qui étiez languissants, *abattus* et réduits au rang des morts, je vous ai ressuscités, moi, le Seigneur, par mon secours tout puissant (Bossuet). Les troupeaux *abattus* sur les flancs des montagnes, le cou tendu vers le ciel, aspirant l'air, faisaient retentir les vallons de tristes mugissements (Bernardin de Saint-Pierre).

Se laisser prévenir est moins une vertu
Que l'imbécillité d'un courage *abattu*.
Crébillon.

Le malheur corrompt tous les cœurs *abattus*.
La Harpe.

La terreur, comprimant l'honnête homme *abattu*,
Sèche l'humanité, fait taire la vertu.
Chénier.

Réparez promptement votre force *abattue*.
Racine.

Oui, pour éteindre un feu que l'erreur perpétue
Présentons aux mutins leur idole *abattue*.
Piron.

Qu'un peu de votre humeur ou de votre vertu
Soulagerait les maux de ce cœur *abattu* !
Corneille.

Rulhières dit, en parlant de Catherine (Histoire de Pol., II) : Jamais *abattue* par les revers, souvent emportée par les succès.

Girault-Duvivier prétend que dans ces sortes de constructions la régularité grammaticale exigerait l'emploi de la négative ; mais cette ellipse est si claire, si naturelle, qu'elle nous paraît tout-à-fait irréprochable ; aussi en trouve-t-on de nombreux exemples dans les écrivains. Le président Hénault a dit : *Vertus jamais démenties* ; Linguet : *Une règle sacrée, et jamais violée* ; et Bossuet : *Il faut l'offrande pure et jamais souillée.* En voilà certes plus qu'il n'en faut pour justifier Rulhières.

§ 2. Précédé du verbe *être*, accord : Tout homme est *abattu* par la justice divine (Bossuet). Elle fut touchée de ce malheur, mais elle n'en fut pas *abattue* (Fléchier). Il voulait essayer combien de temps il supporterait la faim sans être *abattu* (Voltaire). Les Juifs sont plus *abattus* que leur temple et que leur ville (Bossuet). Ils avaient été ébranlés par cette perte, mais ils n'étaient pas encore *abattus* (Fléchier). Elle peut être opprimée, mais elle ne saurait être *abattue* (Massillon). Nous sommes foulés aux pieds comme de la boue, mais nous ne sommes pas *abattus* (id.). Toute sa mâture est *abattue* ; il reçoit l'eau à fond de cale, c'est alors que les généreux marins se décident à mourir (Lamennais). Ils sont *abattus* aujourd'hui, mais ils n'en seraient que plus ardents à détruire un pouvoir qui les écrase et les humilie (Barthélemy). Il faut secouer l'urne quand elle est *abattue.*

On peut dans les prisons entraîner l'innocence ;
Mais l'homme généreux, armé de sa constance,
Sous le poids de ses fers n'est jamais *abattu* ;
S'ils pèsent sur le crime, ils parent la vertu.
                                               Raynouard.

  Les murs sont *abattus*,
  Et les tours ont croulé.
                                               Delille.

Ayez la fermeté qui sied à la vertu,
C'est mériter son sort que d'en être *abattu.*
                                               Guym. de la Touche.

Sous le fer du méchant le juste est *abattu.*
                                               Voltaire

Nous naissons pour les maux ; n'en sois point *abattu.*
Apprends que sans souffrance il n'est point de vertu.
                                               Lemierre.
Sous ses pieds triomphants la mort est *abattue.*
                                               Idem.

§ 3. Précédé d'un verbe autre que *être* et *avoir*, il s'accorde également : Sa vieillesse paraissait triste et *abattue* auprès de celle de Mentor (Fénelon). Vous êtes demeuré avili, obscur, inutile, *abattu* (id.). Il demeura épuisé et *abattu* d'un excès de douleur (id.). Au milieu d'elles le bœuf robuste paraît *abattu* par la chaleur (Deleuze).

Quels biens vous ont produits vos sauvages vertus.
Justes, vous avez dit : Dieu nous protège en père,
Et, partout opprimés, vous rampez *abattus*
Sous les pieds du méchant dont l'audace prospère.
                                               Gilbert.

§ 4. Précédé du verbe *avoir* (régime placé après), accord : Vous avez relevé les protestants et *abattu* les catholiques en Allemagne (Fénelon.) Les apôtres ont *abattu* aux pieds de Jésus la majesté des faisceaux romains (Bossuet). J'avais déjà *abattu* la ligue (Fénelon). J'ai *abattu* cette maison d'Autriche que vous avez servie (id.). Ni les maux qu'elle a prévus ni ceux qui l'ont surprise n'ont *abattu* son courage (Bossuet).

Après m'avoir du temple à tes pieds *abattu.*
                                               Corneille.
Il a votre sceptre *abattu* le soutien.
                                               Idem.
Ses malheurs n'avaient pas *abattu* sa fierté.
                                               Racine.

§ 5. Précédé du verbe *avoir* (régime placé avant), accord : Quoique le poids des années l'ait *abattu* (Fénelon). Les murailles que vous avez *abattues.* Il a été condamné pour une partie de bois qu'il a *abattus* et enlevés sur une propriété étrangère (Bescher). Un paysan de Lucano aperçut par hasard à la porte de notre souterrain que tu n'avais pas *abattue* (Lesage). Pendant que les armées consternaient tout, le sénat tenait à terre ceux qu'il trouvait *abattus* (Montesquieu).

Le poids des années l'avait *abattu*,
Fénelon.

§ 6. S'*être abattu*; ainsi construit, *abattu* s'accorde toujours lorsque le pronom est régime direct : Le comble s'est *abattu* sur les murailles, et les murailles sur les fondements (Bossuet). Tout-à-coup ces deux oiseaux, qui venaient de passer la mer, se sont *abattus* auprès de moi sur une touffe d'acanthe (Bernardin de Saint-Pierre).

§ 7. S'*être abattu* reste invariable quand le pronom est régime indirect : Ils se sont *abattu* le pouce. Ils se sont *abattu* la main.

§ 8. *Abattu par*. On dit *abattu par*, lorsque *abattu* signifie mis à bas, renversé, terrassé, vaincu : L'hydre de Lerne *abattue* par Hercule (Fénelon). Priam, qui vit ses fils *abattus* par Achille (Malherbe).

Abattu par, au figuré : Gentius, roi d'Illyrie, *abattu* en trente jours par le préteur Anicius (Bossuet). Télémaque était bien plus doux, mais il était *abattu* par une douleur que rien ne pouvait consoler (Fénelon). Tout tombe, tout est *abattu* par la justice divine (Bossuet). Son orgueil, quoique *abattu* par la main de Dieu, ne laissa pas de revivre (id.). Vous n'avez été éblouie ni par la gloire, ni *abattue* par l'adversité (Fléchier). Le courage des troupes est *abattu* par la douleur et animé par la vengeance (id.). Vieillard moins *abattu* par le nombre des années que par la douleur de survivre à Hippias (Fénelon). Un voyageur *abattu* par les ardeurs du soleil (id.). Enflés par la prospérité, *abattus* par les disgrâces (Massillon.)

Plus qu'aucun des mortels, par la honte *abattu*.
Boileau.

Nous voyons ce héros par l'amour *abattu*.
Voltaire.

C'est l'orgueil qui. . . . . lui seul
Nourrit un corps par le jeûne *abattu*.
Voltaire.

§ 9. *Abattu de*. On dit *abattu de*, quand *abattu* signifie être dans l'abattement, être abandonné de ses forces physiques et morales : Accoutumés à n'être pas alarmés de leurs périls ni *abattus* de leurs propres maux (Bossuet). Elle fut touchée de ce malheur, mais elle n'en fut pas *abattue* (Fléchier). Effrayés et *abattus* des reproches qu'il leur faisait (id.). Il demeura épuisé et *abattu* d'un excès de douleur (Fénelon). Ses yeux baissés et *abattus* de tristesse (id.).

§ 10. Si le mot *douleur, tristesse*, etc., est suivi d'un *que*, ou s'il y a dans la phrase quelque opposition de verbes ou de noms, on dit : *abattu par*. Abattu par les maux et non par les chagrins (Fléchier). Il était *abattu* par une douleur que rien ne pouvait consoler (Fénelon). On dit aussi *abattu par*, quand le substantif joint au participe est un nom de chose inanimée : Ses forces *abattues* par un long travail (d'Aguesseau).

§ 11. *Abattue*. Substantif féminin, terme de salines, travail d'une poêle depuis qu'elle est au feu jusqu'à ce qu'on la fasse reposer.

ABAUDI, IE, IS, IES (*abaudi*). Anc. syn. de *ébaubi*, participe passé du vieux verbe *ébaubir*, au lieu duquel on a dit d'abord *abaudir* et *abaubir*.

ABCÉDANT (*abcédan*). Participe présent de *abcéder*, v. n. de la 1re conjugaison, terme de médecine qui signifie se résoudre en abcès. Toujours invariable : Une tumeur *abcédant*.

§ 1. S'emploie avec les pronoms personnels de la troisième personne : Ces tumeurs s'*abcédant*. Des parties malades s'enflammant, devenant douloureuses et s'*abcédant* successivement (Richerand). L'Académie, Boiste, Napoléon Landais, et tous les dictionnaires n'indiquent pas cet emploi pronominal du verbe *abcéder*. Ce sont là de ces omissions que nous aurons souvent à signaler.

§ 2. Se construit avec la préposition *en* : En s'*abcédant*, en abcédant.

ABCÉDÉ, ÉE, ÉS, ÉES. Participe passé du verbe *abcéder*.

§ 1. Employé sans auxiliaire, accord : La substance contenue dans le kyste s'altère, change de nature et forme la matière d'un abcès, qu'on appelle enkysté, parce qu'il est contenu dans la poche qui renfermait la substance *abcédée* (Dictionnaire des sciences médicales).

§ 2. Précédé du verbe *être* ou d'un verbe autre que *être* et *avoir*, accord : Lorsque les amygdales sont *abcédées*, on doit attendre, pour les ouvrir, que le foyer soit bien fermé (Dictionnaire des sciences médicales).

§ 3. S'emploie neutralement avec le verbe *avoir*, et par conséquent sans régime; en ce cas il ne s'accorde jamais : Cette tumeur a *abcédé*. Ces glandes ont *abcédé*.

§ 4. Se construit avec le pronom personnel *se*, bien que l'Académie, imitée en cela par Boiste, Napoléon Landais, et les autres lexicographes, ne dise rien de cet emploi dans son dictionnaire : Lorsque, par un vice des tumeurs, les abcès ont leur siége ailleurs, c'est ordinairement dans les glandes, qui d'abord ont passé par un état d'induration, et qui lentement se sont *abcédées* d'elles-mêmes (Dictionn. des sciences médicales).

ABDIQUANT (*abdikan*). Participe présent de *abdiquer*, v. a. de la 1re conjugaison, qui signifie renoncer volontairement ou par contrainte à une dignité souveraine, à des fonctions éminentes. Il se dit aussi des lieux, des choses que l'on quitte. Toujours invariable : Christine, reine de Suède, *abdiquant* la royauté. Des princes *abdiquant* pour le bien des nations.

L'Académie prétend qu'on peut employer le verbe *abdiquer* par extension, en parlant des principaux emplois et des places éminentes : nous pensons que cette assertion n'est pas exacte et qu'on dit plutôt dans ce cas *se démettre ;* le premier ne se dit que des postes éminents et suppose un abandon volontaire; le second se dit des grandes et des petites places, et n'exclut pas la contrainte.

§ 1. Se construit avec un complé-

ment ou régime direct : *abdiquant* la royauté, la couronne, l'empire. *Abdiquant* la dictature, le consulat, les honneurs.

§ 2. Se construit aussi absolument : Sylla *abdiquant* ne fut qu'un simple citoyen romain. Christine *abdiquant* rentra dans la vie privée.

§ 3. Se construit avec les pronoms personnels *me, te, se,* soit pour les choses, soit pour les personnes : *m'abdiquant, t'abdiquant, s'abdiquant.* Omission de l'Académie.

§ 4. Se construit avec la préposition *en* : Napoléon en *abdiquant* a réuni tous les amis de la patrie vers un seul et même point : son salut (de Las-Cases) !

§ 5. Se dit aussi des choses et des lieux que l'on quitte : *abdiquant* Paris et la cour (Saint-Simon).

ABDIQUÉ, ÉE, ÉS, ÉES (*abdiké*). Participe passé du verbe *abdiquer*.

§ 1. Employé sans auxiliaire, accord. *Abdiquée* par Napoléon, la couronne de France retomba aux mains des Bourbons.

§ 2. Précédé du verbe *être*, accord : La couronne ayant été *abdiquée* par l'empereur…

§ 3. Précédé du verbe *avoir* (régime placé après) non accord : Il a *abdiqué* la royauté. Il a *abdiqué* la couronne. Il a *abdiqué* l'empire. Après que Casimir, roi de Pologne, eut *abdiqué* la couronne (Fontenelle).

§ 4. Précédé du verbe *avoir* (régime placé avant), accord : Napoléon reprit une couronne qu'il avait *abdiquée*.

§ 5. S'emploie absolument : Ce roi a *abdiqué*, ce prince a *abdiqué* (Académie). L'assemblée se contenta de ne reconnaître ni Auguste qui avait *abdiqué*, ni Stanislas élu malgré eux (Voltaire). A peine Napoléon avait-il *abdiqué* qu'on lui fit une faute de ce grand sacrifice (Las Cases).

§ 6. Construit pronominalement avec le verbe *être*, accord : il s'est *abdiqué*, elle s'est *abdiquée*, ils se sont *abdiqués*.

§ 7. Régit la préposition *par* : Rome, au XVIIIe siècle, n'était plus que la ville de la religion et de la science ; son pouvoir politique semblait *abdiqué* par elle (Villemain).

ABEAUSISSANT (*abosissant*). Participe présent du verbe *abeausir, s'abeausir* ; devenir beau, s'embellir.

§ 1. Toujours employé comme verbe et par conséquent toujours invariable : Le temps *s'abeausissant*. La mer *abeausissant*. Il est presque inusité.

§. 2. S'emploie aussi avec le pronom personnel *se*, toujours régime direct : Le temps *s'abeausissant*. La mer *s'abeausissant*. Presque inusité.

ABEAUSI, IE, IS, IES (*abózi*). Participe passé du verbe *abeausir, s'abeausir*, qui signifie devenir beau en parlant du temps, ou devenir belle en parlant de la mer. Le temps est *abeausi*. La mer est *abeausie*. Le temps s'est *abeausi*, la mer s'est *abeausie*.

Abeausi, abeausir, ne se trouvent ni dans Boiste, ni dans l'Académie, ni dans Gattel, etc. Napoléon Landais donne *abeausir* avec une orthographe différente : *abéausir* ; mais ce mot dérivant évidemment de l'adjectif *beau*, nous ne voyons pas trop la nécessité de cet accent, et on a lieu de s'étonner que M. Landais, qui s'est fait le si rude champion de l'étymologie, se soit ici écarté de son système. Quoi qu'il en soit, nous pensons que *abeausi* ou *abéausi, abeausir* ou *abéausir*, sont des termes locaux faisant partie de différents patois, car nos officiers de marine disent : Le temps *s'embellit* ; la mer s'était *embellie*. M. Napoléon Landais a tort de n'appliquer ce verbe qu'au temps, car il se dit aussi de la mer.

ABÉCHANT (*abéchan*). Participe présent du verbe *abécher*. Voir *abecquant*.

ABÉCHÉ, ÉE, ÉS, ÉES (*abéché*). Participe passé du verbe *abécher*. Voir *abecquant*.

ABÉCHISSANT (*abéchiçan*). Participe

présent du verbe *abéchir*. Voir *abecquant*.

ABÉCHI, IE, IS, IES (*abéchi*). Participe passé du verbe *abéchir*. Voir *abecquant*.

ABECQUANT (*abékan*). Participe présent du verbe *abecquer*. Donner la becquée à un oiseau, lui mettre la nourriture dans le bec. L'Académie et la plupart des lexicographes disent qu'on peut écrire *abecquer* ou *abéquer* ; Mais M. Landais, cet impitoyable étymologiste, s'élève fortement contre une pareille tolérance. « On ne doit pas, dit-il, écrire, avec l'Académie, *abéquer* sans *c* ; ce serait aller contre la racine du mot. » Et c'est avec une logique aussi serrée que M. Napoléon Landais, armé de l'étymologie, prétend réformer l'orthographe et l'usage ! On disait autrefois *abécher* et *abéchir* ; mais ces mots ont vieilli. Gattel, Noël et Chapsal donnent encore *abéchement*, que M. Landais et d'autres lexicographes écrivent *abèchement*, avec l'accent grave.

§. 1. Toujours employé comme verbe, et par conséquent toujours invariable : Une jeune fille *abecquant* un oiseau. Des jeunes filles *abecquant* des oiseaux. Une serine *abecquant* ses petits.

§ 2. Peut s'employer avec le pronom personnel *se* toujours régime direct : Des jeunes oiseaux *s'abecquant* réciproquement.

ABECQUÉ, ÉE, ÉS, ÉES (*abéké*). Participe passé du verbe *abecquer*. L'Académie et la plupart des lexicographes, M. Landais excepté, permettent d'écrire aussi *abéqué*, et nous ne leur en ferons pas un crime, car l'usage ne s'y oppose point.

§ 1. Employé sans auxiliaire, accord : Un oiseau *abecqué*. Des oiseaux *abecqués*.

§ 2. Précédé du verbe *être*, accord : Ces oiseaux ne mangeraient pas s'ils n'étaient *abecqués*.

§ 3. Précédé du verbe *avoir* (régime placé après), non accord : Avez-vous *abecqué* les oiseaux ce matin ?

§ 4. Précédé du verbe *avoir* (régime placé avant), accord : Les oiseaux que vous avez *abecqués*.

§ 5. S'emploie avec le pronom personnel *se*, régime direct : Ces oiseaux se sont *abecqués* mutuellement.

§ 6. Régit après lui la préposition *par* : Par qui ces oiseaux ont-ils été *abecqués* ?

Abélisant (*abélizan*). Participe présent du verbe *abéliser*, charmer, ravir. Ce mot, employé par Marot, est vieux et inusité.

Abélisé , ée , és, ées (*abélizé*). Participe passé du verbe *abéliser*, charmé, vi. Vieux et inusité.

Abélissant (*abéliçant*). Participe présent de *abélir*, v. a. Orner, parer ; plaire, être agréable à. Vieux et inusité.

Abéli , ie , is , es (*abéli*). Participe passé de *abélir*, v. a. Orner, parer , plaire, être agréable à. Ce mot est vieux et inusité.

Abéquant (*abeckant*). Participe passé du verbe *abecquer*. Voir *abecquant*.

Abéqué, ée, és, ées (*abéké*). Participe passé du verbe *abéquer*. Voir *abéqué*.

Abéquitant (*abékuitan*). Participe présent de *abéquiter*, v. n. S'enfuir à cheval. Le verbe *abéquiter*, qui ne se trouve pas dans le Dictionnaire de l'Académie, appartient, suivant Boiste, au néologisme.

Abéquité , ée , és , ées (*abékuité*). Participe passé du verbe *abéquiter*. Néologisme.

Abétissant (*abétiçan*). Participe présent de *abétir*, v. n. de la deuxième conjugaison, qui signifie rendre ou devenir bête, stupide.

§ 1. Invariable, employé comme verbe : Des lectures *abétissant* l'esprit. Des enfants *abétissant* tous les jours.

§ 2. Variable, employé comme adjectif verbal ; alors il se place toujours après son substantif : Il y a des opinions *abétissantes* ; telles sont les opinions superstitieuses (Boiste). Il est plus usité comme adjectif que comme participe, et cependant Boiste est le seul lexicographe qui en ait fait mention ; cet adjectif ne figure dans aucun autre dictionnaire, pas même dans celui de Napoléon Landais, qui passe pour être le plus complet de tous.

§ 3. S'emploie avec le pronom personnel, régime direct : Des sots s'*abétissant* les uns les autres. Et avec le pronom personnel, régime indirect : Des gens s'*abétissant* l'esprit.

§ 4. *Syn. abétissant, hébétant, rabétissant, embétant*. Les deux premiers mots ont à peu près le même sens : Des maîtres *abétissant, hébétant* l'esprit des enfants. *Abétissant* signifie mieux redevenir bête, stupide. *Embétant* signifie ennuyant, tracassant outre mesure, fatiguant par une réitération de reproches. Ce mot *embétant*, quoique d'un très grand usage parmi le peuple, est réprouvé par tous les grammairiens, et ne figure dans aucun dictionnaire. Voir *abéti*.

Abéti , ie , is , ies (*abéti*). Participe passé d'*abétir*, devenir bête, stupide ; rendre bête, stupide ; ôter l'esprit. Les précédentes éditions du Dictionnaire de l'Académie portaient *abéti* et *abétir* avec un accent aigu ; mais la nouvelle édition a rétabli, avec raison, l'accent circonflexe , signe étymologique qui sert à rappeler la suppression de l'*s* ; en effet, nos pères ont dit : *abesti*, *abestir*, et aussi *abester*, conformément à l'orthographe du latin *bestia*, d'où ces mots tirent leur origine.

« Combien, dit Montaigne, ai-je vu de mon temps d'hommes *abestir* par téméraire avidité de science ! » C'est ce que les Espagnols expriment par *abestialisar*. Nous avons conservé l's dans *bestial, bestialité, bestialement*.

§ 1. Employé sans auxiliaire, accord : C'est un homme *abéti*. C'est une femme *abétie*. Ce sont des hommes *abétis*. Ce sont des femmes *abéties*.

§ 2. Précédé du verbe *être*, accord : Cet enfant est tout *abéti*. Ces enfants sont tout *abétis*.

§ 3. Précédé d'un verbe autre que *être* et *avoir*, accord : Ces enfants me paraissent *abétis*.

§ 4. Précédé du verbe *avoir* (régime placé après), non accord : L'excès du travail a tout-à-fait *abéti* ces enfants.

§ 5. Précédé du verbe *avoir* (régime placé avant), accord : Les études excessives auxquelles ces jeunes gens se sont livrés les ont *abétis*.

§ 6. Construit avec le pronom personnel *se*, régime direct, accord : Ils se sont *abétis*, elles se sont *abéties* par l'excès du travail.

§ 7. Construit avec le pronom personnel *se*, régime indirect, non accord : Elles se sont *abéti* l'esprit par trop de lecture. *Se* est ici pour à soi, à elles-mêmes, et *sont* pour ont.

§ 8. Syn. *abéti*, *hébété*, *rabéti*, *embété*. Les deux premiers mots ont à peu près le même sens ; on dit très bien : Ces enfants sont *abétis* ou *hébétés* ; l'ivrognerie l'a tout *abéti* ou *hébété* ; ils se sont *abétis* ou *hébétés* ; elles se sont *abéti* ou *hébété* l'esprit. Mais ces deux mots diffèrent quant à leur emploi. *Hébété* se dit substantivement : il a l'air d'un *hébété*, ce qui n'a pas lieu avec *abéti*. *Rabéti* signifierait mieux redevenu bête, stupide. *Embété* se dit populairement et au figuré pour : ennuyé, tracassé outre mesure, fatigué par une réitération de reproches. *Rabéti* et *embété* sont également omis dans le Dictionnaire de Napoléon Landais ; ils se trouvent dans le complément du Dictionnaire de l'Académie.

ABHORRANT (*aboran*). Participe présent du verbe *abhorrer*, avoir en horreur, détester. C'est à tort que M. Napoléon Landais, s'abandonnant trop facilement sur la trace du premier lexicographe venu, met un accent circonflexe sur l'*o*, non d'*abhorrant*, car ce mot, comme tant d'autres, ne se trouve pas dans le Dictionnaire qui porte son nom, mais sur l'*o* d'*abhorrer* et d'*abhorré*, dont il figure ainsi la pro-

nonciation (*abôré*), voulant donner à entendre par-là que l'*o* est grave, tandis que tout le monde sait que l'*o*, lorsqu'il est placé devant la lettre *r*, est toujours doux, comme dans *or*, *bord*, *force*, *hormis*, *horloge*, etc. C'est également à tort que Noël et Chapsal, ainsi que Gattel, prétendent qu'il faut articuler les deux *r*. Un autre lexicographe, Carpentier, établit une distinction dans la prononciation de ce mot. « Les » deux *r*, dit-il, se font sentir dans » *abhorrer*, nous *abhorrons*, vous *abhor-* » *rez*, j'*abhorrais*, etc., tandis qu'on » n'en prononce qu'un dans j'*abhorre*, » tu *abhorres*, il *abhorre*, ils *abhor-* » *rent*. » Nous n'avons pas l'oreille assez délicatement organisée pour apprécier cette distinction, et nous croyons que l'usage général est de ne faire entendre qu'un seul *r* dans tous ces mots.

§ 1. Toujours invariable et toujours suivi d'un régime : Des personnes *abhorrant* la médisance, *abhorrant* l'impiété, *abhorrant* les méchants, *abhorrant* l'ingratitude. Des hommes *abhorrant* un jour ce qu'en l'autre ils souhaitent. Des femmes *abhorrant* leurs maris. Des hommes *abhorrant* leurs rivaux, *abhorrant* leurs serments.

§ 2. S'emploie avec le pronom personnel *se*, toujours régime direct, et signifiant se détestant : Un homme s'*abhorrant* lui-même. Des rivaux s'*abhorrant* l'un l'autre. L'irréligion s'*abhorrant* elle-même. Des personnes s'*abhorrant* encore plus qu'on ne les déteste.

§ 3. Le verbe s'*abhorrer* a été assez mal traité dans presque tous les dictionnaires. Gattel dit : « S'*abhorrer*, » V. récip. : se détester l'un *et l'autre*. » C'est *l'un l'autre* qu'il faut, et non *l'un et l'autre* ; en employant la conjonction *et*, Gattel, au lieu de l'idée de réciprocité, exprime l'idée de réflexion. Ces hommes s'*abhorrent l'un l'autre*, signifie que l'un abhorre l'autre ; mais : Ces hommes s'*abhorrent l'un et l'autre*, veut dire que chacun s'abhorre lui-même. Le sens, comme on le voit, est bien différent, et cette distinction

s'applique à s'*abhorrant*. L'Académie ne donne que le sens réfléchi : Depuis son crime il s'*abhorre* lui-même. Le sens réciproque est donc oublié et c'est une omission assez grave. M. Napoléon Landais, à l'exemple de Boiste et de Gattel, ne mentionne que le sens réciproque : « S'*abhorrer*, dit-il, V. » pron. : se détester l'un l'autre.» Le sens réfléchi est oublié. Noël et Chapsal sont à peu près les seuls qui indiquent les deux sens : « S'*abhorrer*, » disent-ils, V. pron., se détester mu- » tuellement ; être en horreur à soi- » même. »

§ 4. S'emploie avec *en* : On fait bien peu preuve de goût en *abhorrant* ce qu'on devrait aimer.

§ 5. *Syn. abhorrant, détestant. Abhorrant* diffère de *détestant*, en ce que *abhorrant* est plus l'effet du goût naturel et du penchant du cœur, et *détestant*, plus celui du jugement et de la raison. *Abhorrant* marque une telle antipathie, une telle aversion pour une personne ou pour une chose, qu'on ne saurait la voir, y penser, sans éprouver une espèce de frissonnement.Une personne *abhorrant* ce qu'elle ne peut souffrir, et tout ce qui est l'objet de son antipathie. Un homme *détestant* ce qu'il désapprouve, ce qu'il condamne. Des malades *abhorrant* les remèdes. Des malheureux *détestant* le jour de leur naissance. Une ame bien placée *abhorrant* tout ce qui est bassesse et lâcheté. Une personne vertueuse *détestant* tout ce qui est crime et injustice.

ABHORRÉ, ÉE, ÉS, ÉES (*aboré*). Participe passé du verbe *abhorré*, dont on a peur, ou qu'on a pris en horreur, détesté. L'*o* est ouvert, comme dans *force, or, horloge*, et on ne fait sentir qu'un seul *r*. V. *Abhorrant*.

§ 1. Sans auxiliaire, accord : Un tyran *abhorré*; une reine *abhorrée*.

. . . . . O projets *abhorrés* !
Tous les cœurs aujourd'hui sont-ils donc égarés?
La Harpe.

§ 2. Avec le verbe *être*, accord : Les rois qui ont été *abhorrés* de leurs sujets. Tout ce qui est bassesse et lâcheté est *abhorré* d'une ame honnête. Les fripons sont toujours *abhorrés* des honnêtes gens. .

§ 3. Avec un verbe autre que *être* et *avoir*, accord : Cette reine semble *abhorrée* de tout le monde.

§ 4. Avec *avoir* (régime placé après), non accord : L'Église a toujours *abhorré* le sang. Nous avons toujours *abhorré* la mémoire de ces excès sacrilèges. Ces peuples n'ont pas toujours *abhorré* les faux dieux. Que de fois n'a-t-elle pas *abhorré* les nœuds qui l'avaient unie à cet homme !

§ 5. Avec *avoir* (régime placé avant), accord : Que de veuves sans frémir se sont élancées dans les feux pour rejoindre des époux que, vivants, elles avaient *abhorrés*! J'irais m'allier avec des hommes que j'ai toujours *abhorrés*! Ces remèdes, elle les a depuis longtemps *abhorrés*.

§ 6. S'emploie avec le pronom personnel *se*, régime direct : Ces deux hommes se sont toujours *abhorrés*.

§ 7. Peut être suivi de la préposition *par* ou de la préposition *de* : *Abhorré de* : Cet homme, méprisé, *abhorré*, détesté *de* tout ce qui l'environne (Bourdaloue).

Je cherche ces époux *de son cœur abhorrés.*
Delille.

Tel est dans les replis de ce cœur dévoré,
Ce pouvoir malheureux *de* moi-même *abhorré.*
Voltaire.

Ces fureurs. . . . .
Étaient pourtant toujours de l'Église *abhorrées.*
Racine.

Abhorré par :

Les lois et les travaux sont *par nous abhorrés.*
Voltaire.

ABHORRISSANT (*aboriçan*). Participe présent de l'ancien verbe *abhorrir*. Ce mot est aujourd'hui remplacé par *abhorrant*. M. Napoléon Landais nous paraît un peu léger, en avançant que le verbe *abhorrir* qui, dit-il, ne se trouve que dans Raymond, avec le sens d'*abhorrer*, n'a jamais été français. Quand on n'est pas plus sûr d'une chose, on devrait avoir un ton moins tranchant. Nous apprendrons donc à M. Napoléon Landais que *abhorrir*, remplacé depuis par *abhorrer*, a été parfaitement français; la preuve, c'est qu'on le trouve encore dans le Dictionnaire de Phil. Monet :

J'*abhorrissais* les faveurs d'une amie.

Poésies de Loys le Caron.

ABHORRI, IE, IS, IES (*abori*). Participe passé du verbe *abhorrir*, aujourd'hui tombé en désuétude, et remplacé par *abhorrer* qui a le même sens.

ABÎMANT (*abiman*). Participe présent d'*abîmer*, renverser, précipiter dans un abîme; figuré, perdre, ruiner entièrement, gâter, endommager beaucoup. M. Napoléon Landais, qui paraît avoir un goût très prononcé pour les racines, écrit *abîmer* avec un *y*, *abymer*, et tance vertement l'Académie de ce qu'elle se permet de préférer l'*i* simple à l'*y*. « *Abîme*, dit M. Landais, » vient du latin *abysme*, formé du grec » α priv.; et βυσσος, fond. Or, en latin » et en français, l'υ grec se change en » *y* : nous croyons donc que non-seu-» lement l'Académie devrait donner la » préférence au mot *abyme*, écrit par » un *y*, mais qu'elle devrait même n'ad-» mettre que cette orthographe. » Voilà un raisonnement dont la profondeur est incommensurable : c'est un *abîme* ou un *abyme*; nous y laisserons M. Napoléon Landais. Nous ne nous sentons pas la force de lutter avec lui contre l'usage, *vis et norma loquendi et scribendi*. Mais pour revenir à la question étymologique sur laquelle M. Landais paraît ne pas avoir le moindre doute, nous lui dirons qu'il n'est pas bien certain que l'étymologie qu'il donne soit exacte. « Il est » lexiquement impossible, dit M. Bufet, » étymologiste qui valait bien M. Lan-» dais, de déduire *abîme* de *abyme*, qui » en latin signifie la même chose. » *Abysme* vient de l'α privatif grec et » de βυσσος, fond; c'est comme si l'on » disait sans fond. *Abîme* s'est bien

» écrit autrefois *abysme*, qui paraît » présenter la partie radicale *bys* du » primitif *byssos*, mais d'où viendrait » l'*m* ? sa présence dans *abysme* dérivé » d'*abyssos* serait inexplicable. Dans » notre ancienne orthographe, l'*y* rem-» plaçait presque toujours l'*i*, surtout » à la fin des mots, de manière que » *abysme* peut être une altération or-» thographique de *abisme*. L's s'est » d'ailleurs glissée abusivement dans « mille mots sans aucune autorisa-» sation étymologique, d'où *abisme* » peut être composé de *ab*, signe d'é-» loignement, et de *imus*, fond. L'idée » d'éloignement que représente *ab* ne » peut être que corroborée par celle de » *imus*, fond, signe caractéristique d'é-» loignement; c'est-à-dire qu'*ab*, prépo-» sition dans ce composé, ne fait qu'ex-» primer l'idée d'éloignement indéfi-» nie dans l'absence de fond. »

§ 1. Toujours invariable et toujours accompagné d'un régime : Dieu *abîmant* ces cinq villes. Les flots survenus et *abîmant* le navire. Les Français *abîmant* les Russes dans les flots. Sous un déluge d'eaux Dieu *abîmant* le monde. Dieu *abîmant* sous les eaux tous les audacieux. Une secousse violente *abîmant* une montagne. Les hommes puissants *abîmant* les faibles. La pluie *abîmant* mon chapeau. L'ouragan *abîmant* les blés. Les longues pluies *abîmant* les chemins. Cette porte fraîchement peinte *abîmant* votre habit. C'est à tort que quelques grammairiens blâment l'emploi de ces dernières phrases où *abîmant* a le sens de *gâtant*, *endommageant*. Cet emploi est consacré par l'Académie aussi bien que par l'usage.

§ 2. S'emploie avec les pronoms personnels *me*, *te*, *se*, etc., en régime direct ou régime indirect; il signifie alors se plongeant, s'engloutissant, s'abandonnant entièrement à, se perdant, se ruinant. — *Me*, *te*, *se*, régimes directs : Cette montagne s'*abîmant* tout à-coup. La barque s'entrouvrant, s'*abîmant*. Des hommes s'*abîmant* dans leurs pensées. S'*abîmant* dans la contemplation des merveilles de Dieu. S'*abîmant* dans l'étude. S'*abîmant* dans la douleur. *S'abîmant* dans la débauche, dans les plaisirs. Ces jeunes gens *s'abîment* par leur luxe, par leurs débauches. Cette robe *s'abîmant* à la poussière. Des chapeaux *s'abîmant* à l'humidité. La nef tournant, *s'abîmant*, et disparaissant à tous les yeux. Des avocats se perdant et *s'abîmant* tous les jours dans cette mer immense de lois anciennes et nouvelles. *Me*, *te*, *se*, régimes indirects : Des femmes *s'abîmant* la taille. Des hommes *s'abîmant* l'esprit.

§ 3. Se construit avec la préposition *en* : En flattant la jeunesse, *en l'abîmant* par les dépenses et les dettes. Croyez-vous refaire votre fortune *en* vous *abîmant* dans les plaisirs? Les mauvais livres, tout *en* vous *abîmant* l'esprit, vous font perdre un temps précieux.

Abîmé, ée, és, ées (*abîmé*). Participe passé de *abîmer*.

§ 1. Employé sans auxiliaire, accord : Une ville *abîmée* par un tremblement de terre (Académie). Un navire *abîmé* dans la mer, dans les flots (id.). Une femme *abîmée* dans la douleur (id.). Un homme *abîmé* de dettes (id.). Un meuble *abîmé* de taches (id.). Noémie n'aimait pas ainsi son enfant; *abîmée* dans la contemplation, elle le préservait déjà dans son cœur contre toute atteinte et toute morsure (Roger de Beauvoir). Nos villes *abîmées* et réduites en cendres. *Abîmé* devant la majesté de Dieu. *Abîmé* à la vue de tant de gloire et de magnificence. Une ame *abîmée* dans le vide. *Abîmé* dans le monde et la dissipation (Massillon). On n'y voyait que des gens *abîmés* de dettes (Vertot). Ils engagèrent dans cette conspiration Pison, jeune homme d'une maison illustre, mais téméraire, factieux, *abîmé* de dettes (id.).

§ 2. Précédé du verbe *être*, accord : Tous ceux qui s'écartèrent un peu au-dessous furent emportés et *abîmés* dans le fleuve (Voltaire). Ces rides, ces cheveux gris ne nous avertissent que trop qu'une grande partie de notre être est déjà *abîmée* et engloutie (Bossuet). J'étais *abîmé* dans la plus amère dou-

leur (Fénelon). Vous avez recours, Valérie, à une faible ressource, en vous adressant à deux femmes *abîmées* dans la douleur (Vertot).

Girault-Duvivier pense que le mot *abîmé*, offrant toujours une idée de profondeur, ne peut jamais s'employer que dans le style noble. C'est aussi l'opinion de Voltaire qui, dans ses remarques sur Corneille, observe que si l'on dit que l'on est *abîmé* dans la douleur, dans la tristesse, etc., c'est que l'on peut y ajouter l'épithète de *profonde*. Quoi qu'il en soit, l'Académie autorise l'emploi d'*abîmé* dans le sens de *plein*, de *rempli* ; et puisqu'elle dit : Ce meuble est *abîmé* de taches, nous ne voyons pas pourquoi l'on ne dirait pas : Ce chapeau, cette robe, ce livre sont *abîmés* de taches; cet homme est *abîmé* de coups. Or, comme c'est un usage généralement admis, grammairiens et écrivains doivent y déférer; car, en fait de langage, l'usage est la suprême loi : *jus et norma loquendi*.

§ 3. Avec un verbe autre que *être* et *avoir*, il s'accorde: Il y a des moments où l'on se voit si *abîmé* dans la misère, qu'on demeure entièrement et heureusement convaincu de son néant (Christine). J'ai vu madame votre tante qui m'a paru *abîmée* en Dieu; elle était à la messe comme en extase (Mᵐᵉ de Sévigné).

§ 4. Précédé du verbe *avoir* (régime placé après), non accord : Ce tremblement de terre a *abîmé* plusieurs villages. — Peu usité au propre ; figurément : Ces longues pluies ont *abîmé* les chemins (Académie). Ce sens est familier. La grêle a *abîmé* les vignes, les arbres fruitiers (Laveaux). La grêle a *abîmé* les moissons (id.). Les bestiaux ont *abîmé* cette luzerne (id.). La pluie a *abîmé* votre habit (id.).

§ 5. Précédé du verbe *avoir* (régime placé avant), accord : Iles que la mer a *abîmées;* villages qu'un tremblement de terre a *abîmés* : routes que de longues pluies ont *abîmées;* robes que des taches ont *abîmées*. Cette affaire l'a *abimé* (Académie). Des dépenses excessives l'ont *abimé*.

§ 6. Construit avec le pronom personnel (régime direct), accord : Cette montagne s'est *abimée* tout-à-coup (Académie). O ma fille, plaie récente de mon cœur, tous mes chagrins se sont *abimés* dans le sentiment de ta perte (Letourneur). Il s'est *abimé* par son luxe, par ses débauches (Académie). Ces enfants étaient propres, et ils se sont *abimés*. Familier.

§ 7. Construit avec le pronom personnel (régime direct), non accord : Ces dames se sont *abimé* leurs robes. Ces enfants se sont *abimé* le visage

§ 8. Peut être suivi de la préposition *de* ou de la préposition *par*. Avec *par* : La Grèce ayant été *abimée* par un déluge, de nouveaux habitants vinrent la peupler (Montesquieu). Le cardinal Julien voulant, dans sa fuite, passer une rivière, y fut *abimé par* le poids de l'or qu'il portait (Voltaire). Avec *de* : Un homme *abimé* de dettes (Académie). Ce meuble est *abimé* de taches (id.).

ABJURANT (*abjuran*). Participe présent du verbe *abjurer*, renoncer à, abandonner, faire abjuration ; toujours invariable.

§ 1. Se construit avec un complément direct : Des hommes *abjurant* le judaïsme. *Abjurant* leurs erreurs. *Abjurant* une opinion, un sentiment. *Abjurant* leurs soupçons, leurs craintes injurieuses. *Abjurant* toute pudeur, tout principe d'honneur et de vertu. *Abjurant* Aristote, Descartes (Académie).

§ 2. Se construit aussi absolument : *Abjurant* dans l'église de Notre-Dame. *Abjurant* entre les mains de tel évêque (Académie).

§ 3. S'emploie avec les pronoms personnels de la troisième personne et avec les noms de choses : Les erreurs qui portent profit ne s'*abjurent* jamais. C'est une omission de l'Académie et des autres lexicographes.

§ 4. Se construit avec la préposition *en* : Porphyre *en abjurant* le christia-

nisme (Bossuet). *En abjurant* la foi de Jésus-Christ. *En abjurant* son hérésie, ses erreurs, ses opinions.

ABJURÉ, ÉE, ÉS, ÉES (*abjuré*). Participe passé du verbe *abjurer*.

§ 1. Employé sans auxiliaire, accord : Erreurs, opinions *abjurées* mille fois. Sentiments, principes jamais *abjurés*.

§ 2. Précédé du verbe *être*, accord : Le calvinisme a été solennellement *abjuré* par Henri IV. Ces erreurs, ces opinions ont été *abjurées* par ces hérétiques.

§ 3. Précédé du verbe *avoir* (régime placé après), non accord : Elle avait *abjuré* toute pudeur, tout principe d'honneur et de vertu (Académie). Après avoir *abjuré* sa vie passée (Pascal). Après avoir solennellement *abjuré* la foi de Jésus-Christ (Fléchier). Il a *abjuré* Aristote, Descartes (Académie).

§ 4. Précédé du verbe *avoir* (régime placé avant), accord : Le judaïsme qu'ils ont *abjuré*. C'est une erreur qu'il a *abjurée*. Ces opinions, ces croyances, il les a *abjurées*.

§ 5. S'emploie quelquefois sans régime, et, dans ce cas, il est toujours invariable : Après qu'ils ou qu'elles eurent *abjuré*. Depuis qu'il eut *abjuré* entre les mains de son évêque (Académie).

§ 6. Se construit pronominalement et toujours avec des noms de choses seulement. Dans ce cas le régime est toujours direct et doit prendre l'accord : Des erreurs lucratives ne se sont jamais *abjurées*.

§ 7. Régit toujours la préposition *par* : Le calvinisme a été solennellement *abjuré par* Henri IV (Voltaire). Ces erreurs, ces opinions ont été solennellement *abjurées par* les hérétiques (id.).

ABLUANT (*abluan*). Participe présent du verbe *abluer*, laver, faire reparaître au moyen d'une liqueur une écriture effacée.

§ 1. Toujours invariable, employé comme participe présent.

§ 2. S'emploie avec le pronom personnel : Des Indiens *s'abluant* dans le Gange. Mais il est vieux en ce sens.

§ 3. S'emploie avec la préposition *en* : Les Musulmans, *en s'abluant* plusieurs fois par jour. Mais ce sens a vieilli.

§ 4. S'emploie comme adjectif : **Abluant**, *abluante, abluants, abluantes*. Terme de médecine qui signifie propre à dissoudre et à emporter les parties âcres, etc., qui affectent quelque viscère ; des remèdes *abluants*.

§ 5. Dans ce dernier sens, il s'emploie aussi comme substantif : Un *abluant*, des *abluants*, c'est-à-dire un *remède* abluant, des *remèdes* abluants.

ABLUÉ, ÉE, ÉS, ÉES (*ablué*). Participe passé du verbe *abluer*. Lavé, purifié, dont on a fait reparaître au moyen d'une liqueur les lettres effacées : Des lettres *abluées*.

ABOLISSANT (*aboliçan*). Participe présent du verbe *abolir*, casser, annuler, effacer, supprimer, anéantir, tomber en désuétude, cesser d'être en usage.

§ 1. Toujours invariable, et demande toujours après lui un complément ou régime direct : *Abolissant* les lois, les coutumes, les usages, les abus. *Abolissant* les duels. Ils répètent que Dieu, las du sang des génisses, *abolissant* enfin d'impuissants sacrifices, versa la pure hostie immolée en tous lieux (L. Racine).

§ 2. Se construit pronominalement, avec les noms de choses seulement : En France, toutes les mauvaises coutumes vont *s'abolissant* de jour en jour.

§ 3. Se construit avec la préposition *en* : Pour qu'une partie se nourrisse, il faut qu'elle jouisse de la sensibilité et du mouvement : la ligature de ses artères et de ses nerfs, en *abolissant* l'une et l'autre de ces facultés, l'empêche de se nourrir et de vivre (Richerand).

ABOLI, IE, IS, IES (*aboli*). Participe passé du verbe *abolir*, casser, annuler, effacer, supprimer, anéantir, tomber en désuétude.

§ 1. Employé sans auxiliaire, accord : Loi *abolie*, usage *aboli*, crime *aboli*.

§ 2. Précédé du verbe *être*, accord : Les superstitions mêmes furent *abolies* (Voltaire). Les histoires seront *abolies* avec les empires (Bossuet). Du honteux préjugé l'empire est *aboli* (L. Racine).

. . . . Une fois établie
La renommée en mal ne peut être *abolie*.
                        De Neufchateau.

Par une extravagance une autre est *abolie*
D'âge en âge on ne fait que changer de folie.
                        La Chaussée.

La royauté était, à la vérité, *abolie*, mais l'esprit de la royauté n'était pas éteint (Vertot). Les lois les plus saintes étaient *abolies*, la puissance consulaire méprisée, et la dignité du sénat avilie (id.) Toutes les magistratures annuelles sont *abolies* (id.). Il semble que des siècles se sont écoulés depuis l'époque si rapprochée de nous où la torture, ce crime de nos lois, fut *abolie* (Villemain). Le culte des faux dieux fut *aboli* (Académie). Les histoires seront *abolies* avec les empires (Bossuet).

Aboli ne se construit qu'avec des noms de choses. Cependant Voltaire l'a employé avec un nom de personne : Lorsque les Jésuites ont été *abolis*.

§ 3. Précédé d'un verbe autre que *être* et *avoir*, accord : A ce nombre prodigieux d'intelligences répandues partout, il en ajouta qui président aux mouvements célestes, et qu'on croyait *abolies* pour jamais (Fontenelle).

§ 4. Précédé du verbe *avoir* (régime placé après), non accord : Vous avez, pères conscrits, *aboli* la royauté, parce que l'autorité d'un seul devenait trop absolue (Vertot). Ils avaient *aboli* dans les élections des magistrats l'usage établi de tout temps de recueillir les suffrages par centuries (id.). Les Romains, après avoir *aboli* la royauté, en avaient cependant conservé comme la représentation dans la dignité du dictateur (id.). Les nouvelles coutumes ont aboli les anciennes (Académie). Après avoir aboli la fureur des duels (Fléchier). Le changement de goût, aidé de la politique, a aboli en France les joutes, les tournois et les autres divertissements brillants (Guizot).

§ 5. Précédé du verbe avoir (régime placé avant), accord : Combien de coutumes inhumaines et de lois injustes n'ont-ils pas déjà abolies (Bernardin de Saint-Pierre). Les lois fondamentales et primitives de l'état qu'une coutume injuste a abolies (Pascal). Des mœurs que le temps et les usages ont universellement abolies (Massillon).

§ 6. Se construit pronominalement et avec des noms de choses seulement : Cette loi trop sévère, cette coutume bizarre s'est abolie d'elle-même (Académie). C'était une ancienne pratique qui s'est abolie (id).

§ 7. Est toujours suivi de la préposition par : Cette loi fut abolie par le fait, sans être formellement révoquée (Académie). Les lois de circonstance sont abolies par de nouvelles circonstances (Boiste). Cette défense est abolie par la pratique universelle de la terre (Pascal) Attractions abolies par le cartésianisme (Fontenelle).

§ 8. Syn. aboli, abrogé. Ces deux mots ont à peu près le même sens ; ils ne diffèrent guère qu'en ce que abrogé ne se dit qu'en parlant de lois, de constitutions, de cérémonies et autres choses semblables, et qu'il n'est point usité en poésie. Mais il faut bien se garder d'inférer de là, comme le fait assez étourdiment Napoléon Landais, qui n'a fait du reste que copier Gattel, qu'on doit toujours dire abroger une loi, et non abolir une loi, car cette dernière expression se trouve dans tous les dictionnaires et dans nos meilleurs écrivains : Cette loi fut abolie par le fait (Académie). Loi abolie (id). Abolir une loi (Noël et Chapsal). Il n'appartient qu'à ceux qui font les lois de les abolir (Académie). Les lois fondamentales qu'une coutume injuste a abolies (Pascal). Les lois abolies (Bossuet).

Abominant (abominan). Participe présent d'abominer, ancien mot, hors d'usage aujourd'hui. Proprement regarder, rejeter comme un mauvais présage, et, par extension, exécrer, détester, avoir en horreur. Il est toujours invariable :

Abominant le jour où la voile première,
Blanchit sur le sablon de leur rive étrangère,
           Ronsard.

Les poètes surtout doivent regretter la perte d'un mot qui ne déplaît pas à l'oreille, et qui peut exprimer une nuance que ne marquent point détester, exécrer. Abominable, abomination et abominablement semblent réclamer le verbe abominer. Il peut, selon Féraud, être encore employé dans le style burlesque et dans le genre marotique. On saurait bon gré à l'homme de génie qui le réhabiliterait dans la poésie élevée. On le trouve dans les Essais de Montaigne : «Bénir la mémoire de Trajan et abominer celle de Néron.» Tome 2, p. 547.

Abominé, ée, és, ées (abominé). Participe passé du verbe abominer qui n'est plus d'usage aujourd'hui.

Abondant (abondan). Participe présent du verbe abonder, être en grande quantité, produire abondamment, être dans l'abondance.

§ 1. Invariable, employé comme verbe : Les denrées, abondant de toutes parts, nous mirent à l'abri de la disette (Bescher). Abondant est ici pour qui abondaient, par cela même qu'elles abondaient. C'est l'action qu'on veut exprimer.

§ 2. Variable, employé comme adjectif. Il peut, selon les circonstances, se placer avant ou après le substantif : Un pays abondant, une récolte abondante, une abondante récolte. Une abondante moisson, une moisson abondante. Ce qui nuit est plus abondant que ce qui sert (Buffon). Le plaisir et la douleur sont comme deux sources abondantes que la nature fait couler sur les hommes (Barthélemy). Une pluie *abondante* qui tomba dans l'instant servit encore à séparer les deux armées (Fénelon). Les mousses sont si *abondantes* dans les forêts de la Russie qu'il m'est arrivé plusieurs fois, en voulant en traverser quelque partie hors des chemins frayés, d'y enfoncer jusqu'aux genoux (Bernardin de Saint-Pierre). L'allemand est une langue très brillante en poésie, très *abondante* en métaphysique, mais très positive en conversation (madame de Staël). Un des endroits de la mer glaciale où les glaces sont les plus *abondantes* est le détroit de Waigats, qui est gelé en entier pendant la plus grande partie de l'année (Buffon). Il répandit des libations *abondantes* de vin et de lait (Fénelon).

Les vivres furent chers, la moisson *abondante.*
Delille.

§ 3. *Abondant* se dit aussi d'un auteur : Plus *fécond*, plus *abondant* que Platon (La Bruyère). Les scoliastes eux-mêmes demeurent courts, si fertiles, d'ailleurs, si *abondants* (id.). M. Parent était si *abondant* que, etc. (Fontenelle).

C'est donc à tort que le Dictionnaire de l'Académie prétend qu'on peut bien dire : Cet auteur est *abondant* en paroles, en comparaisons; mais qu'on ne peut pas dire sans régime : C'est un auteur *abondant.*

Abondante en richesse ou puissante en crédit,
Je demeure toujours la fille d'un proscrit.
Corneille.

§ 4. Peut être suivi, 1° de la préposition *en* : La Suisse n'est pas moins *abondante* en corps marins fossiles que la France et les autres contrées (Buffon). Le Languedoc et la Provence sont des pays *abondants* en herbes odoriférantes (Aimé Martin).— 2° De la préposition *par* : Le plus beau pays de l'univers, le plus *abondant* par la nature, le mieux cultivé par l'art (Bossuet). — 3° De la préposition *de* : Le royaume, déjà *abondant* de son propre fonds, se vit encore enrichi de l'abondance de nos voisins (Massillon).

§ 5. S'employait autrefois adverbialement : d'*abondant*, et signifiait de plus, outre cela : Je vous ai dit telle et telle chose, j'ajouterai d'*abondant*.

§ 6. Noël et Chapsal, dans leur Dictionnaire, disent : *abondant en* veut être suivi d'un substantif pluriel : style abondant en *images*. Cependant madame de Staël a dit : L'allemand est une langue très abondante en *métaphysique*. Et Corneille :

Abondante en *richesse* ou puissante en crédit.

mais peut-être, dans ce dernier cas, n'est-ce qu'une licence poétique.

ABONDÉ (*abondé*). Participe passé de *abonder*. Toujours invariable, et ne se conjugue qu'avec l'auxiliaire *avoir* :

§ 1. S'emploie absolument : Que vos faveurs abondent où vos châtiments avaient *abondé* (Massillon).

§ 2. Peut être suivi 1° de la préposition *dans* : Le bien a toujours *abondé* dans cette maison. Ils ont *abondé* dans mon sens, c'est-à-dire ils ont parlé d'une manière tout-à-fait conforme à mon opinion. — 2° De la préposition *en* : Ce champ a considérablement *abondé* en pâturages. Les orateurs ont toujours *abondé* en beaux raisonnements. — 3° De la proposition *de* : Il n'a pas su jouir des biens dont sa famille a toujours *abondé.*

§ 3. Le participe *abondé* est omis dans le Dictionnaire de l'Académie et dans celui de Nap. Landais.

ABONNANT (*abonan*). Participe présent du verbe *abonner*, donner, prendre un abonnement. Toujours invariable.

§ 1. Demande toujours après lui un complément ou régime direct : *Abonnant* quelqu'un à un journal, à un théâtre, à des concerts, *abonnant* une province à telle somme.

§ 2. S'emploie avec les pronoms personnels *me, te, se*, etc. : M'*abonnant*, t'*abonnant*, s'*abonnant.*

§ 3. Se construit avec la préposition *en* : *En abonnant* quelqu'un à un journal, *en s'abonnant* à des journaux, à des revues.

Abonné, ée, és, ées (*aboné*). Participe passé du verbe *abonner*.

§ 1. Employé sans auxiliaire, accord : Une personne *abonnée* à tel journal. La plupart des personnes *abonnées* à ce recueil.

§ 2. Précédé du verbe *être*, accord : Je suis *abonné* à cette feuille (Académie). Nous sommes *abonnées* à la revue musicale. Elles se sont *abonnées* à un journal de modes.

§ 3. Précédé d'un verbe autre que *être* et *avoir*, accord : Nous resterons, nous demeurerons toujours *abonnés* à ce journal.

§ 4. Précédé du verbe *avoir* (régime placé après), non accord : Monsieur un tel a *abonné* sa fille à un journal de modes.

§ 5. Précédé du verbe *avoir* (régime placé avant), accord : Je vous ai *abonné* au journal, au spectacle, au concert (Académie).

§ 6. Construit avec les pronoms personnels, accord : Le nombre des personnes qui se sont *abonnées* au journal le Siècle est immense. Je me suis *abonné* à cette nouvelle feuille.

§ 7. S'emploie substantivement : Un de vos *abonnés*.

> Tous les matins, plus acharnés,
> Ces inquisiteurs littéraires,
> Pour divertir leurs *abonnés*,
> Étranglent quelqu'un de leurs frères.
>
>   F. de Neufchâteau.

L'Académie dit bien qu'il s'emploie aussi substantivement et elle cite ces deux exemples : Ce journal a beaucoup d'abonnés; je suis un des *abonnés* de ce théâtre; mais elle ne dit pas si une femme doit dire : je suis une de vos *abonnées* ou un de vos *abonnés*.

Nous avons soumis cette question à la Société grammaticale de Paris, et voici la discussion à laquelle elle a donné lieu :

Le substantif abonné *peut-il se féminiser en parlant d'une femme? Dans le cas de l'affirmative, doit-on dire :* Ma-dame est un des abonnés, *ou* une des abonnées *de ce journal?* M. L***. On ne voit pas pourquoi le participe passé *abonné*, employé substantivement, ne pourrait pas recevoir la marque du féminin. On dit très bien *un abonné, une abonnée;* mais je crois qu'en thèse générale, lors même qu'il y a des femmes abonnées à un journal et qu'il s'agit de l'une d'elles, on doit dire, *un des abonnés.* Pour qu'on puisse mettre au féminin l'adjectif numéral et le substantif, il faut que le journal n'ait que des dames pour abonnées ou qu'on veuille parler des dames à l'exclusion des hommes.

M. B***. Il est certain qu'on peut dire *un abonné* ou *une abonnée*. Mais le préopinant, en prétendant qu'il faut dire, *Madame est un des abonnés*, consulte plus la raison que l'euphonie. Il me semble qu'en vertu de l'attraction, il faut dire : *Madame est une des abonnées.* Il y a bien dans les abonnés des hommes et des femmes, mais on fait abstraction des hommes. Un avocat dirait-il en parlant d'une dame : *C'est un de mes clients?* Il dirait évidemment : *C'est une de mes clientes.* La Gazette des femmes étant spécialement destinée aux dames, dirait-on : Cette dame est un des abonnés de la Gazette? Non, évidemment, et je ne pense pas qu'il soit plus permis d'employer le masculin en parlant d'une dame abonnée à un journal politique.

M. de la V***. Je partage l'opinion de M. L***. Quand on parle d'un abonné, on n'a aucun égard au sexe. Une femme devra dire en parlant d'elle-même : *Je suis abonnée à ce journal;* mais le propriétaire du journal dira toujours : *Cette dame est un de mes abonnés*, à moins qu'il ne veuille indiquer séparément le nombre de ses abonnés de l'un et de l'autre sexe.

M. W***. Si un tailleur occupait chez lui des hommes et des femmes, devrait-il dire : *Cette femme est un de mes ouvriers* ou *une de mes ouvrières?* La première manière de s'exprimer blesserait l'oreille. Il faut faire abstraction du sexe masculin, et dire *une de mes ouvrières*.

M. L'''. Il faut avant tout rendre sa pensée d'une manière exacte. Si vous dites : *Cette femme est une de mes ouvrières*, on croira que vous n'occupez que des femmes. Mais on invoque l'euphonie. Cherchez à vous exprimer à la fois de manière à ne pas altérer votre pensée et à plaire à l'oreille. Autre chose est de parler grammaticalement, autre chose de bien parler. Le respect des lois grammaticales est le premier, mais non pas le seul devoir imposé à celui qui prétend à bien parler ou à bien écrire. Pour ce qui est de la double phrase sur laquelle on nous consulte, nous ne pouvons donner l'exclusion ni à l'une ni à l'autre manière de s'exprimer. Si l'on dit : *Cette dame est un de mes abonnés*, on n'a point égard à son sexe et on la confond avec la totalité des abonnés; si, au contraire, on dit : *Cette dame est une de mes abonnées*, on ne songe qu'aux femmes qui sont abonnées.

La Société décide : 1° qu'abonné peut s'employer au féminin; 2° qu'on peut dire : *Madame est un de mes abonnés*, si l'on veut parler de la totalité des abonnés; et *Madame est une de mes abonnées*, si l'on ne veut parler que des femmes.

ABONNISSANT (*aboniçan*). Participe présent du verbe *abonnir*, rendre bon, rendre meilleur; devenir meilleur. Toujours invariable.

§ 1. Employé dans le sens actif, il demande après lui un régime direct : *Les caves abonnissant le vin.*

§ 2. Employé dans le sens neutre, c'est-à-dire sans régime : *Ce vieux pêcheur abonnissant en vieillissant.*

§ 3. S'emploie avec le pronom personnel : *Le vin s'abonnissant avec le temps dans la cave.*

§ 4. Peut aussi se construire avec la préposition *en* : *Le vin en s'abonnissant dans la cave*, etc.

ABONNI, IE, IES (*aboni*). Participe passé du verbe *abonnir*. Il est familier.

§ 1. S'emploie ordinairement avec le pronom : *Ce vin s'est abonni, s'est bien abonni avec le temps.* Cette liqueur s'est bien *abonnie*.

ABORDANT (*abordan*). Participe présent de *aborder*, verbe actif de la 1re conjug. qui signifie arriver à bord, prendre terre; approcher, joindre, accoster; commencer à discuter un sujet, s'en occuper. Toujours invariable.

§ 1. Employé sans régime : *En abordant nous aperçûmes des sauvages.*

§ 2. Suivi de la préposition *à* : *En abordant au port. Charles abordant à Istel en Scanie. Abordant jusqu'à elle à travers mille obstacles.*

§ 3. Suivi de la préposition *dans* : *En abordant dans l'île, abordant secrètement dans une petite île (Oreste). Abordant dans sa patrie.*

§ 4. Suivi de la préposition *en* : *Abordant en Afrique, abordant en cette île, abordant en Égypte. Platon abordant en cette île chérie.*

§ 5. Suivi de la préposition *sur* : *En abordant sur ces côtes; abordant sur les côtes voisines de Sicile. En abordant sur le sable après avoir nagé longtemps.*

§ 6. Suivi de la préposition *chez* : *Et la cour et la ville abordant chez sa femme.*

§ 7. Suivi de l'adverbe *où, là* : *Ces hommes abordant où ils peuvent. Là, conduit par le ciel, le héros abordant.*

§ 8. Peut être suivi d'un régime direct : *Abordant le premier les champs de Lavinie. Abordant le noir séjour de l'impitoyable Pluton. En abordant le roi. En l'abordant avec amitié. En abordant les uns, en négligeant les autres. En abordant leurs pareils. N'abordant ces vaines idoles qu'en rampant. Abordant les malades avec une extrême hardiesse.*

§ 9. Se construit avec la préposition *en* : *Mithridate, en abordant le général romain, lui présenta la main en signe d'amitié* (Vertot). Enfin il allait de nouveau m'étourdir de son babil importun, si par bonheur un homme assez bien fait ne fût venu l'interrom-

pre en l'*abordant* avec beaucoup de ci
vilité (Lesage).

Ces fiers dragons, près de se caresser,
En s'*abordant* semblaient se menacer.
Malfilâtre.

Le sage, en l'*abordant*, garde un morne silence.
Voltaire.

Qu'il craigne, en *abordant*, de trouver sur les rives
Et des spectres errants, et des urnes plaintives.
La Harpe.

ABORDÉ, ÉE, ÉS, ÉES (*abordé*). Participe passé du verbe *aborder*, arriver à
bord, prendre terre, approcher, joindre, accoster, etc.

§ 1. Employé sans auxiliaire, accord :
Si mon frère *abordé* sur cette terre im-
pie (Voltaire).

Eh quoi! des malheureux en ces lieux *abordés.*
Voltaire.

§ 2. Employé avec le verbe *être*, accord : Nous sommes *abordés* (Académie).

§ 3. Précédé du verbe *avoir* (régime
placé avant) accord :

Vous que je n'ai jamais *abordés* sans effroi.
Voltaire.

§ 4. Précédé du verbe *avoir*, et employé neutralement, non accord ; il
peut être suivi des prépositions *à*, *dans*,
en et *sur* : Nous avons *abordé* (Académie).

§ 5. Précédé du verbe *avoir* (régime
placé après), non accord : Il n'a pas
même *abordé* la question (Académie).
Régime placé avant, accord : Vous que
je n'ai jamais *abordé* sans effroi (Voltaire).

§ 6. Construit avec le pronom personnel (régime direct), accord : Ils se
sont *abordés*.

§ 7. Construit avec le pronom personnel (régime indirect), non accord :
Ils se sont *abordé* la tête.

§ 8. Régit *par* : Être *abordé par*
quelqu'un. Il fut *abordé par* le vaisseau amiral.

ABORNANT (*abornan*). Participe présent du verbe *aborner*, donner des bor-
nes à un terrain, pour en fixer l'éten-
due et le distinguer des propriétés
contiguës. Toujours invariable : Des

haies *abornant* un champ, un pré. On
dit plutôt aujourd'hui *bornant*.

ABORNÉ, ÉE, ÉS, ÉES (*aborné*). Participe passé du verbe *aborner* : Un champ
aborné, un pré *aborné*, une propriété
abornée, des champs *abornés*, des propriétés *abornées*. On dit plutôt aujour-
d'hui *borné*.

ABOUCHANT (*abouchan*). Participe présent du verbe *aboucher*, faire trouver
deux ou plusieurs personnes dans un
lieu, pour qu'elles confèrent ensemble.
Il est toujours invariable.

§ 1. Il peut être ou non précédé de
la préposition *en* : Si, les *abouchant* ensemble, vous parvenez à les faire tomber d'accord là-dessus, je vous en
aurais une grande obligation. Vous
parviendrez à les faire tomber d'accord
là-dessus *en* les *abouchant* ensemble.

§ 2. S'emploie avec le pronom personnel : S'*abouchant*, en s'*abouchant*
avec quelqu'un, *en* nous *abouchant* avec
lui, *en* vous *abouchant* ensemble.

§ 3. On dit aussi, en termes d'ana-
tomie : Ces deux vaisseaux s'*abouchant*,
c'est-à-dire se réunissant et se com-
muniquant.

§ 4. Il se dit encore de deux tubes,
de deux tuyaux qui s'appliquent l'un à
l'autre par leurs ouvertures : Ces deux
tubes, ces deux tuyaux s'*abouchant*
parfaitement l'un à l'autre.

ABOUCHÉ, ÉE, ÉS, ÉES (*abouché*). Participe passé du verbe *aboucher*.

§ 1. Sans auxiliaire, accord : Deux
tubes, deux tuyaux *abouchés* l'un à
l'autre.

§ 2. Avec le verbe *être*, accord : Ces
deux personnes ont été *abouchées* ensemble ; ces deux tubes, ces deux
tuyaux ne sont pas parfaitement *abouchés* l'un à l'autre.

§ 3. Avec le verbe *avoir* (régime
placé après), non accord : Quand vous
aurez *abouché* ces deux personnes.

§ 4. Avec le verbe *avoir* (régime
placé avant), accord : Quand vous les
aurez *abouchés* ensemble.

§ 5. Employé pronominalement, accord : Ils se sont *abouchés*.

§ 6. Régit la préposition *par* : Être *abouchés* par une personne avec une autre personne.

ABOUFFANT (*aboufan*). Participe présent du verbe *aboufter*, ôter la respiration. Il ne se dit plus.

ABOUFFÉ, ÉE, ÉS, ÉES (*aboufé*). Participe passé du verbe *aboufter*, ôter la respiration. Il n'est plus d'usage.

ABOUQUANT (*aboukan*). Participe présent du verbe *abouquer*, terme de saline qui signifie mettre du sel nouveau sur du vieux. Toujours invariable.

ABOUQUÉ, ÉE, ÉS, ÉES (*abouké*). Participe passé du verbe *abouquer* (mettre du sel nouveau sur du vieux).

ABOUTANT (*aboutan*). Participe présent de *abouter*, verbe de la 1re conjugaison, qui signifie, en termes de charpentier, joindre bout à bout deux pièces de bois. Toujours invariable : *En aboutant* ces deux pièces de bois : Ces deux pièces de bois *s'aboutant*.

ABOUTÉ, ÉE, ÉS, ÉES (*abouté*). Participe passé du verbe *abouter*, joindre bout à bout.

S'emploie comme adjectif et se dit, en termes de blason, des pièces d'armoiries qui se répondent par le bout ou par les pointes.

ABOUTISSANT (*aboutiçan*). Participe présent du verbe *aboutir*, toucher par un bout ; tendre, se terminer, avoir pour résultat ; crever, en parlant des abcès.

§ 1. Comme participe il est toujours invariable et est ordinairement accompagné d'un régime indirect : Un arpent de terre *aboutissant* d'un côté au grand chemin, et de l'autre au champ d'un tel. Ce champ *aboutissant* à un marais. Tous ses desseins *aboutissant* à cela. Tous vos raisonnements n'*aboutissant* à rien, vous feriez mieux de vous taire. Une femme vigilante *aboutissant* à tout (Bescher).

§ 2. S'emploie aussi d'une manière absolue, c'est-à-dire sans régime : Cet abcès *aboutissant*, on verra quel traitement on devra suivre.

§ 3. Employé comme adjectif, il prend l'accord : Un arpent *aboutissant* à la forêt (Académie). Une pièce de terre *aboutissante* à..... (id.). Deux parties de bois *aboutissantes* sur un sentier qui conduit au village (Bescher). Terre *aboutissante* d'un côté à la rivière, de l'autre au grand chemin (Laveaux.

§ 4. Il s'emploie au pluriel comme substantif : Les tenants et *aboutissants* d'une pièce de terre, d'un héritage (Académie). En matière réelle ou mixte, les exploits doivent énoncer deux au moins des tenants et *aboutissants* de l'héritage litigieux (id.). On dit aussi fig. : Savoir tous les tenants et *aboutissants* d'une affaire, c'est-à-dire en bien connaître toutes les circonstances et tous les détails. Laveaux critique l'Académie à l'occasion de ces expressions; il prétend qu'il faut dire, en répétant l'article, *les tenants et les aboutissants*, et non *les tenants et aboutissants*. Cependant la suppression de l'article dans ces sortes de constructions est autorisée par l'usage et par nos meilleurs écrivains. V. *Grammaire nationale*, page 175.

ABOUTI (*abouti*). Participe passé du verbe *aboutir*.

Dérivé d'un verbe neutre, le participe *abouti* ne saurait varier en aucun cas; il ne prend que l'auxiliaire *avoir*, et est ordinairement accompagné d'un régime indirect : Tous ses desseins n'ont *abouti* qu'à cela. A quoi auraient *abouti* les plus beaux raisonnements? Cela n'aurait guère *abouti* qu'à le perdre. — Il s'emploie quelquefois d'une manière absolue : Cet abcès aurait *abouti*, si...

L'Académie, en mettant après *aboutir* le participe *abouti*, a donné à ce dernier un féminin, *aboutie*, ce qui suppose le pluriel *aboutis*, *abouties*. On doit regretter qu'elle n'ait point cité d'exemples à l'appui de la variabilité de ce participe, car nous ignorons dans quel cas il serait possible de le mettre au féminin ou au pluriel, attendu que, comme nous l'avons dit, il dérive d'un verbe neutre, qu'il est toujours accompagné de l'auxiliaire *avoir*, et qu'à moins qu'il ne soit employé d'une manière absolue, il est toujours suivi d'un régime indirect. Napoléon Landais a copié assez étourdiment l'Académie.

ABOYANT (*aboi-ian*). Participe présent du verbe *aboyer*, japper; fig. désirer quelque chose, le poursuivre ardemment, crier après quelqu'un, le presser, le poursuivre d'une manière importune ; dire du mal avec acharnement d'une personne ou d'une chose.

§ 1. Comme participe, il est toujours invariable, parce qu'il marque l'action : Un chien *aboyant* au voleur. Des chiens *aboyant* contre tous les passants. Une chienne *aboyant* après tout le monde. Des héritiers *aboyant* après une succession. Des créanciers *aboyant* contre leur débiteur. Tous les journaux, tous les critiques *aboyant* après cet auteur, après la pièce nouvelle.

§ 2. Il se construit avec la préposition *en* : Tous les chiens, en *aboyant* après lui, l'ont fait fuir.

§ 3. Il se construit aussi quelquefois d'une manière absolue : Les chiens, en n'*aboyant* pas, ont laissé pénétrer les voleurs dans le château.

§ 4 Il se dit aussi pronominalement : Deux chiens s'*aboyant*, s'affrontant.

§ 5. Il s'emploie aussi comme adjectif; dans ce cas il prend l'accord, parce qu'il marque l'état, la manière d'être : Des chiens *aboyants* (Académie). Une meute *aboyante* (id.).

Mais le Cancer s'embrase; une ardente jeunesse
De limiers *aboyants* presse encor la vitesse.
                       Boisjolin.

ABOYÉ, ÉE, ÉS, ÉES (*aboi-ié*). Participe passé du verbe *aboyer*.

§ 1. Sans auxiliaire, il est considéré comme un simple adjectif et s'accorde toujours : Un débiteur *aboyé* de

tous ses créanciers (Académie). Des débiteurs *aboyés* de tous leurs créanciers.

§ 2. Avec le verbe *être*, il prend également l'accord : Ce débiteur est *aboyé* de tous ses créanciers. Ces débiteurs sont *aboyés* de tous leurs créanciers.

§ 3. Avec le verbe *avoir*, il est invariable, soit qu'il n'ait pas de régime, soit que le régime se trouve placé après. Il faut attendre, pour faire le compliment d'entrée, que les petits chiens aient *aboyé* (La Bruyère). Tous les chiens ont *aboyé* après lui. Ils ont tous *aboyé* après cet emploi. Tous les journaux ont *aboyé* après lui.

§ 4. Se construit quelquefois avec le pronom personnel et le verbe *être*; dans ce cas il s'accorde : Ces deux chiens se sont longtemps *aboyés*. Il est peu usité dans ce sens.

§ 5. Régit après lui la préposition *par* ou la préposition *de* : Un débiteur *aboyé de* tous ses créanciers (Académie).

ABRAQUANT (*abrakan*), participe présent de *abraquer*, verbe actif de la 1re conjugaison, qui signifie, en termes de marine, haler à la main un cordage mou. Toujours invariable. On dit plutôt *embrayquant*. Voyez ce mot.

ABRAQUÉ, ÉE, ÉS, ÉES (*abraké*). Participe passé du verbe *abraquer*, terme de marine, haler à la main un cordage. On dit plutôt *embraqué*. Voyez ce mot.

ABRÉGÉ, ÉE, ÉS, ÉES (*abrégé*). Participe passé du verbe *abréger*.

§ 1. Employé sans auxiliaire, il est adjectif et s'accorde toujours : C'est un monde *abrégé* (Académie). Un discours trop *abrégé*. Une méthode *abrégée*.

§ 2. Accompagné du verbe *être*, il s'accorde également : Cette histoire est trop *abrégée*. Ces éloges sont trop *abrégés*. Ces analyses sont trop *abrégées*.

§ 3. Joint à un verbe autre que *être* et *avoir*, il prend de même l'accord :

Ces histoires me semblent trop *abregees*.

§ 4. Avec le verbe *avoir* (régime placé après), il est invariable : Les chagrins ont *abrégé* ses jours (Académie). C'est un bienfait de Dieu d'avoir *abrégé* les tentations avec les jours de Madame (Bossuet). Les excès qui ont *abrégé* ses jours (Voltaire).

> . . . . . Et si de ses beaux jours
> La Parque en ce moment n'eût *abrégé* le cours.
> Voltaire.

§ 5. Avec le verbe *avoir* (régime placé avant), il s'accorde : Les histoires que vous avez *abrégées* se lisent avec plus d'intérêt. .

§ 6. S'emploie avec le verbe *être* et le pronom personnel ; et dans ce cas il s'accorde : Sa vie s'est *abrégée* par les chagrins.

§ 7. Se dit substantivement : Un *abrégé*, des *abrégés*. L'*abrégé* de la la loi, c'est la charité (Bossuet). Donner des *abrégés* des auteurs les plus célèbres (Fontenelle). L'homme est un *abrégé* de l'univers (Académie). Il fait l'*abrégé* de l'histoire romaine.

§ 8. On dit aussi substantivement avec *en* : Si l'on veut voir toute sa vie militaire en *abrégé* (Fontenelle). Un bon laboratoire est, pour ainsi dire, toute la nature en *abrégé* (id.). Il réduit toute la théologie, tout le droit canon en *abrégé* (Académie). mettre en *abrégé* Bossuet). Écrivez ce mot en *abrégé* (Académie). Contez-moi la chose en *abrégé* (id.).

ABRÉGEANT (*abréjan*). Participe présent du verbe *abréger*, rendre plus court, faire paraître moins long ; réduire en moins de paroles la substance de ce qui est dit dans un ouvrage plus au long, plus en détail.

§ 1. Il est toujours invariable et ordinairement suivi d'un régime direct : Les chagrins *abrégeant* les jours. Une méthode *abrégeant* de beaucoup le temps des études. Une personne *abrégeant* une narration. *Abrégeant* son discours. Des créanciers *abrégeant* un délai. La conversation *abrégeant* le chemin.

> Puisse une prompte mort , *abrégeant* ma misère,
> Épargner à mon cœur ces tableaux douloureux.
> Delille.

§ 2. Il s'emploie quelquefois absolument : Ce chemin *abrégeant* de beaucoup, je vous conseille de le prendre. Mais *abrégeant*, je poursuis ce que j'avais à dire.

§ 3. Il se construit avec la préposition *en* : En *abrégeant* trop un discours, on court risque souvent de n'être pas compris.

§ 4. Il peut s'employer avec la négation : Rien n'*abrégeant* le temps comme le travail, la variété des occupations.

ABREUVANT (*abrevan*). Participe présent du verbe *abreuver*, faire boire ; pénétrer, humecter, en parlant de la terre ; remplir.

§ 1. Il est toujours invariable et toujours suivi d'un régime direct : Des charretiers *abreuvant* leurs chevaux. Des enfants *abreuvant* leurs parents de chagrins. La pluie *abreuvant* les terres. Un tonnelier *abreuvant* des cuves.

§ 2. Se construit avec la préposition *en* : La pluie, en *abreuvant* les terres....

§ 3. S'emploie avec le pronom personnel *se* : Une personne s'*abreuvant* de larmes. Des bestiaux s'*abreuvant* dans une mare.

ABREUVÉ, ÉE, ÉS, ÉES (*abrevé*). Participe passé du verbe *abreuver*.

§ 1. Employé sans auxiliaire, il prend l'accord : Un cœur *abreuvé* de fiel et de haine (Académie). Une personne *abreuvée* de dégoûts. Des hommes *abreuvés* d'ennuis. Sa langue *abreuvée* de fiel et de vinaigre (Bossuet).

§ 2. Joint au verbe *être*, accord : Ces prairies, ces plantes ont besoin d'être *abreuvées* (Académie). Les cèdres du Liban que vous avez plantés seront *abreuvés* de la rosée du ciel et des eaux de la grâce (Massillon).

§ 3. Avec un verbe autre que *être* et *avoir*, accord : Elle semblait *abreuvée* de chagrins.

§ 4. Avec le verbe *avoir* (régime placé après), il est invariable · J'ai *abreuvé* toute la troupe (Académie). La pluie a bien *abreuvé* es terres (id.).

§ 5. Avec le verbe *voir* (régime placé avant), il s'accorde : Vous nous avez bien *abreuvés* (Académie).

§ 6. S'emploie pronominalement avec le verbe *être*, et dans ce cas il prend l'accord : Ils se sont *abreuvés* de larmes.

§ 7. *Abreuvé*, signifiant *rempli*, nécessite après lui la préposition *de* pour marquer ce dont on est abreuvé. Mais lorsqu'on veut désigner la cause, c'est-à-dire par qui on est abreuvé, il faut employer la préposition *par*. C'est ainsi qu'on dit avec *de* :

Sitôt que du nectar la troupe est *abreuvée*.
L. Racine.

Comme une tige élevée
D'une onde pure *abreuvée*.
J.-B. Rousseau.

Me nourrissant de fiel, de larmes *ebreuvée*.
Racine.

J'ai laissé de ses pleurs Léonore *ebreuvée*.
Voltaire.

Monstre nourri de sang, cœur *abreuvé* de fiel.
J.-B Rousseau.

Dans ses prés *abreuvés* des eaux de la colline.
Couché sur ses genoux, le bœuf pesant rumine.
Delille.

De mon fiel *abreuvés*, à mes fureurs en proie.
Voltaire.

. . . Sur ces chemins de carnage *abreuvés*.
Voltaire.

Ce destructeur des rois de leur sang *abreuvé*.
Voltaire.

De nos biens enrichis, de nos pleurs *abreuvés*.
Voltaire.

Dans tous ces exemples, *de* marque la chose dont on est abreuvé. Mais dans celui-ci :

La France est par leurs mains de son sang *abreuvée*.
La Harpe.

La préposition *par* marque la cause par laquelle on est abreuvé. La France est de quoi ?—*De sang*. Par qui est-elle abreuvée ? Par eux, *par leurs mains*. La différence d'emploi de ces deux prépositions est assez sensible.

ABRÉVETANT (*abrev'tan*), participe présent de *abréveter*, verbe de la 1re conjugaison, qui signifie flatter, tromper, amuser, guetter, épier. Toujours invariable ; vieux mot entièrement inusité.

ABRÉVETÉ, ÉE, ÉS, ÉES, participe passé du verbe *abréveter*, flatter, tromper, amuser, guetter, épier ; vieux mot qui, ainsi que le verbe d'où il dérive, est tout-à-fait hors d'usage aujourd'hui.

ABRÉVIANT (*abrévian*). Participe présent de *abrévier*, verbe de la 1re conjugaison qui signifie *abréger*, mais qui n'est plus usité.

ABRÉVIÉ ÉE, ÉS, ÉES, (*abrévié*). Participe passé du verbe *abrévier* qui n'est plus usité.

ABRÉYANT (*abré-ian*). Participe présent de *abréyer*, verbe actif de la 1re conjugaison qui, en termes de marine, signifie abriter, mettre à l'abri, cacher un bâtiment qui a le vent en poupe. Voir *abréyé*.

ABRÉYÉ, ÉE, ÉS, ÉES. Participe passé du verbe *abréyer* (terme de marine, abriter, mettre à l'abri, cacher un bâtiment qui a le vent en poupe). Ce terme est inconnu des marins, et s'il a été usité anciennement, il est remplacé par *masquer*. Quand une voile empêche le vent de porter sur une autre voile, on dit que la première *masque* l'autre ou que celle-ci est *masquée* par la première.

ABRIANT (*abri-ian*). Participe présent du verbe *abrier*, protéger. Inusité. Trévoux se demande pourquoi nous avons perdu *abrier*, qui vient tout naturellement *d'abri*, et qui est plus doux et plus agréable que *abriter*. N. Landais, qui paraît avoir un goût décidé pour les vieilleries, regrette aussi cette perte. Il y a vraiment de quoi. Le même lexicographe prétend qu'il faut prononcer *abri-é* ; nous croyons qu'il se trompe et que *abrier*

ABR

doit avoir la même prononciation que *prier*, *supplier*, etc., dans lesquels on fait entendre deux *i*.

ABRIÉ, ÉE, ÉS, ÉES (*abri-ié*). Participe passé du verbe *abrier* aujourd'hui inusité, et remplacé par *abriter*. Napoléon Landais se trompe en figurant ainsi (*abri-é*) la prononciation de ce mot.

ABRITANT (*abritan*). Participe présent du verbe *abriter*, mettre à l'abri. Toujours invariable.

§ 1. Demande toujours un complément direct : *Abritant* un espalier, une montagne *abritant* cette maison.

> De protégé qu'il fut, le voilà protecteur,
> *Abritant*, nourrissant des peuplades sans nombre ;
> Les troupeaux, les chiens, le pasteur,
> Vont dormir en paix sous son ombre.
>
> Arnault

§ 2. S'emploie avec le pronom personnel : S'*abritant* derrière un mur. *En s'abritant* contre le canon par des fossés, des épaulements.

Napoléon Landais dit que *abriter* est un terme de jardinage, qui signifie seulement mettre à l'abri du mauvais temps ; c'est donner à ce verbe un sens beaucoup trop restreint, et il n'y a pas non plus que les jardiniers qui en fassent usage. Les exemples que nous avons cités en font assez foi.

ABRITÉ, ÉE, ÉS, ÉES (*abrité*). Participe passé du verbe *abriter*.

Est suivi de la préposition *de* ou *par*, selon le cas : Cette maison est *abritée* par une montagne (Académie). Il croît sur ces roches brisées toutes sortes d'herbes, surtout aux endroits *abrités* des vents de Nord et d'Est (Bernardin de Saint-Pierre).

ABRIVANT (*abrivan*). Participe présent du verbe neutre *abriver*, aborder. Peu usité. Toujours invariable : *Abrivant* au rivage.

ABRIVÉ (*abrivé*). Participe passé du verbe *abriver*. Toujours invariable : Ils ont *abrivé* au rivage.

ABROGEANT (*abrojan*). Participe présent du verbe *abroger*, rendre nul, abolir ; il ne se dit guère qu'en parlant des lois ; de constitutions, de cérémonies et autres choses semblables : *Abrogeant* une loi, *abrogeant* une ordonnance, *abrogeant* une coutume. Toujours invariable.—Peut s'employer avec les pronoms de la 3ᵉ personne seulement : Des lois s'*abrogeant* par le temps, s'*abrogeant* d'elles-mêmes.

ABROGÉ, ÉE, ÉS, ÉES (*abrogé*). Participe passé du verbe *abroger*.

§ 1. Employé sans auxiliaire, accord : Une loi *abrogée*, des lois *abrogées*, une ordonnance *abrogée*, des coutumes *abrogées*.

§ 2. Avec le verbe *être*, accord : Des lois qui ne furent jamais *abrogées* (Voltaire).

§ 3. Avec le verbe *avoir* (régime après), non accord : La puissance despotique a souvent *abrogé* ce que l'équité avait établi (Guizot). Le peuple romain a quelquefois *abrogé*, par pure haine personnelle, ce que ses magistrats avaient ordonné de bon et d'avantageux à la république (Guizot).

§ 4. Est toujours suivi de la préposition *par* : De grandes raisons d'intérêt et peut-être même de bonne discipline ont été cause que la pragmatique-sanction a été *abrogée* par le concordat (Guizot).

§ 5. Employé avec le pronom personnel, accord : Cette loi s'est *abrogée* d'elle-même (Académie).

ABRUTISSANT (*abrutiçan*). Participe présent du verbe *abrutir* : Un roi *abrutissant* ses peuples par des lois tyranniques et superstitieuses est le plus vil des hommes (Pensée de Platon). Le vin pris à l'excès *abrutissant* les hommes, *abrutissant* l'esprit (Académie).

§ 1. Invariable, employé comme verbe : La débauche nous *abrutissant*, il faut l'éviter.

§ 2. Variable, employé comme adjectif, se place tantôt avant tantôt après son substantif : Un genre de vie *abrutissant* ; des plaisirs *abrutissants* (Académie). Les plaisirs *abrutissants* de la table (Massillon). D'*abrutissantes* orgies, des orgies *abrutissantes*, cette occupation est *abrutissante* (Académie).

§ 3. Se construit avec la préposition *en* : Les passions, *en abrutissant* l'homme, éteignent ce que la nature pouvait lui avoir donné de pénétration et de lumière.

§ 4. S'emploie avec le pronom personnel : En s'*abrutissant*, en nous *abrutissant*. Les hommes sensuels, en s'*abrutissant*, tâchent de se persuader que l'homme est semblable à la bête.

Abruti, **ie**, **is**, **ies** (*abruti*). Participe passé du verbe *abrutir*.

§ 1. Employé sans auxiliaire, accord ; se place toujours après son substantif ; rendre brut, altérer les facultés de l'esprit ; devenir brut, stupide. Les généraux russes traitent leurs soldats comme des serfs *abrutis* (Cormenin). Le sens humain *abruti* ne pouvait plus s'élever aux choses intellectuelles (Mass.). Réveiller par des récompenses temporelles les hommes sensuels et *abrutis* (id.). Un cœur *abruti* dans les plus honteux délices (id.). L'homme *abruti* par la superstition est le plus vil des hommes (Boiste).

§ 2. Précédé du verbe *être*, accord :

Et si l'on vous croyait, il serait *abruti*.
Voltaire.

§ 3. Précédé du verbe *avoir* (régime placé après), non accord Des hommes en qui la débauche a peut-être même *abruti* ce que la nature pouvait leur avoir donné de pénétration et de lumière (Massillon).

§ 4. Précédé du verbe *avoir* (régime placé avant), accord : Cet esprit élevé vous l'avez *abruti* (Massillon).

§ 5. Construit avec le pronom personnel (régime direct), accord : A mesure qu'il s'est *abruti*, il a tâché de se persuader que l'homme était semblable à la bête (Massillon).

§ 6. Construit avec le pronom personnel (régime indirect), non accord : A force d'excès, ils se sont *abruti* l'esprit, l'intelligence.

§ 7. S'emploie substantivement : Un *abruti*, une *abrutie*.

§ 8. Régit *par* : Venceslas, *abruti* par les débauches de la table, laissait l'empire dans l'anarchie (Voltaire). Qu'est-ce qu'un pays où les nobles sont sans discipline, le roi un zéro, le peuple *abruti* par l'esclavage? (Voltaire).

Absentant (s') (*sabçantan*). Participe présent du verbe s'*absenter*, s'éloigner d'un lieu.

§ 1. Toujours invariable : Une personne s'*absentant* de tel ou tel lieu, des hommes s'*absentant* de leur pays, des sentinelles s'*absentant* de leur poste, des dévotes s'*absentant* de leur paroisse, des employés s'*absentant* de leur bureau plusieurs fois la semaine, des électeurs s'*absentant* du lieu où se font les élections.

§ 2. S'emploie avec le pronom *en* : Ne craignez-vous pas de perdre votre place, en vous *absentant* aussi souvent?

Absenté, **ée**, **és**, **ées** (*abçanté*). Participe passé du verbe s'*absenter*. Il s'accorde toujours, étant toujours précédé de son régime direct : Elle s'est *absentée* durant trois mois. Ce soldat s'est *absenté* de son poste sans la permission de son chef (Académie). Il s'est *absenté* pour se dérober à leurs poursuites (id.).

Absolvant (*absolvan*). Participe présent du verbe *absoudre*, décharger d'un crime ; remettre les péchés à un pénitent ; pardonner, se pardonner. Toujours invariable : *Absolvant* un pénitent. *Absolvant* des cas réservés. *Absolvant* un innocent.

§ 1. Demande toujours après lui un complément direct : Jésus *absolvant* la pécheresse.

§ 2. S'emploie avec les pronoms

personnels : M'*absolvant, t'absolvant,
s'absolvant.* Où est le criminel s'*absolvant* de son crime ?

§ 3. Se construit avec la préposition
en : En *absolvant* cet homme, on n'a
pas fait justice (Académie).

ABSOUS, OUTE, OUS, OUTES (*abçou*).
Participe passé du verbe *absoudre.*
Quelques - uns écrivent ce participe
masculin avec un *t* : *absout* ; ce qui le
rend plus analogue au féminin que l'on
écrit *absoute* ; mais l'usage est contraire
à cette orthographe.

§ 1. Employé sans auxiliaire, accord : Un homme *absous.* Une personne
absoute.

§ 2. Précédé du verbe *être,* accord :
Elle fut *absoute* à pur et à plein (Académie). Lorsqu'on menait un coupable
au supplice, il était *absous* si une ves-
tale venait à passer (Bernardin de
Saint-Pierre).

. . . . .Quand nous sommes *absous,*
Le Saint-Esprit est-il ou n'est-il pas *en* nous ?
Boileau.
. . . . La paix sera facile à faire :
On est bientôt *absous* quand on est nécessaire.
C. Delavigne.

§ 3. Précédé d'un verbe autre que
être et *avoir,* accord : On l'a renvoyé
absous (Académie).

§ 4. Précédé du verbe *avoir* (régime
placé après), non accord : Non-seule-
ment la Charte a *absous* le dix-hui-
tième siècle, mais en *absolvant* celui-là
elle a *absous* les deux siècles qui l'a-
vaient précédé et préparé (Cousin).
Après avoir *absous* la philosophie, je
viens aujourd'hui absoudre l'histoire
de la philosophie (id.).

§ 5. Précédé du verbe *avoir* (régime
placé avant), accord : On l'a *absous*
malgré le crédit de ses ennemis (Académie.)

§ 6. Construit avec le pronom personnel, accord : Ils se sont *absous* de
leurs péchés.

§ 7. Régit toujours après lui la préposition *par* : L'empereur, n'ayant pas
été *absous* par le pape, demeurait toujours excommunié (Voltaire).

§ 8. *Absoute.* Substantif féminin ;
terme de liturgie catholique : absolu-
tion publique et solennelle qui se
donne en général au peuple, et dont
la cérémonie se fait le jeudi saint au
matin, ou le mercredi au soir, dans les
cathédrales : L'évêque a fait la cérémonie de l'*absoute.* On fait l'*absoute* dans
les paroisses aux grandes messes le
jour de Pâques (Académie).

ABSORBANT (*abçoȝban*). Participe présent du verbe *absorber,* engloutir, faire
disparaître, en parlant des couleurs,
des saveurs, des sons, etc. ; consumer,
détruire ; occuper fortement, s'empa-
rer de toutes les facultés de l'esprit ;
se fondre ; s'enfoncer trop, s'abîmer.

§ 1. Invariable, employé comme
verbe : Les plaisirs de ce monde,
absorbant toute votre vie, vous empê-
cheront de penser à votre salut.

§ 2. Variable, employé comme adjectif : Substance, terre, poudre *absor-
bante,* système *absorbant.* Vaisseaux
absorbants ou lymphatiques (Académie). Chargé de fonctions *absorbantes*
et sécrétoires, il est à la fois le pour-
voyeur et l'ornement de la tige (Ké-
ratry).

§ 3. S'emploie avec les pronoms
personnels : M'*absorbant, t'absorbant,*
s'*absorbant.* Les eaux s'*absorbant* dans
les sables (Laveaux).

§ 4. Se construit avec la préposition *en* : En s'*absorbant* dans l'étude
on devient misanthrope.

§ 5. S'emploie comme substantif :
Un *absorbant,* des *absorbants.* Il se dit
d'une classe de médicaments jugés propres à neutraliser les humeurs âcres et
surabondantes qui se manifestent quelquefois dans les premières voies. On
dit aussi un remède, un médicament
absorbant, des remèdes, des médicaments *absorbants.* La magnésie pure
est employée comme *absorbant* et réac-
tif chimique dans les cas d'empoison-
nement par les acides (Dict. des sc.
méd.). La plupart des carbonates alca-
lins et les savons sont des *absorbants*
(id.). A une époque où l'on attribuait
aux acides la plupart des maladies, les

médecins faisaient un très grand abus des *absorbants*.

ABSORBÉ, ÉE, ÉS, ÉES (*absorbé*). Participe passé du verbe *absorber*.

§ 1. Employer sans auxiliaire, accord : Les fluides *absorbés* par les vaisseaux lymphatiques (Académie). Mais ce n'est là qu'une faible voix *absorbée*, pour ainsi dire, par le bruit formidable de la multitude (Massillon). *Absorbée* dans son inquiétude, Noémi ne rêvait qu'à son enfant (Roger de Beauvoir).

> Réveillez-vous, mortels dans la nuit *absorbés*.
> Racine fils.

§ 2. Précédé du verbe *être*, accord : Une faible voix est *absorbée* dans un grand chœur de musique (Académie). Il est *absorbé* entièrement, elle est *absorbée* dans l'étude des mathématiques (id.). Il était *absorbé* dans les réflexions (id.). Être tout *absorbé* en Dieu (id.). L'image de la chair du péché a été *absorbée* par la gloire (Pascal). L'âme est fixée et comme *absorbée* dans la contemplation des merveilles et des grandeurs de Dieu (Massillon). La mort a été *absorbée* par la victoire de J.-C. sur elle (Lamennais).

> Mon esprit ni mes sens ne me font point la guerre,
> Tout est *absorbé* par l'amour.
> Rousseau.

§ 3. Précédé d'un verbe autre que *être* et *avoir*, accord : Une femme, priant près du cercueil, paraissait *absorbée* dans le chagrin (Bernardin de Saint-Pierre). Il laissa tomber sa tête entre ses mains, resta dix minutes *absorbé* dans la pensée de ses anciennes victoires et dans l'espérance de ses nouvelles (Alexandre Dumas). Goriot mangeait machinalement et sans savoir ce qu'il mangeait. Jamais il n'avait semblé plus stupide ni plus *absorbé* qu'il l'était en ce moment (de Balzac).

§ 4. Précédé du verbe *avoir* (régime placé après), non accord : Les procès ont *absorbé* tout son bien (Académie). Les frais du scellé ont *absorbé* la meilleure partie de la succession (id.). Cet orateur avait tellement *absorbé* l'attention qu'il n'y en eut plus pour les autres (id.).

Absorbé dans :

Que de fois les principes divers qui sont en suspension dans l'air, que de fois des matières odorantes, des miasmes, sont *absorbés dans* le poumon pendant le séjour que fait l'air dans cet organe (Adelon).

Absorbé par :

Les molécules nutritives sont *absorbées* par les organes digestils.

ABSTENANT (s'). Participe présent du verbe s'*abstenir*, s'empêcher de, se priver de, se récuser soi-même. Toujours invariable et toujours construit avec les pronoms personnels. : M'*abstenant*, t'*abstenant*, s'*abstenant*. Il y avait déjà quelques chrétiens à Rome du temps de Néron : on les confondait avec les Juifs, parce qu'ils étaient leurs compatriotes, parlant la même langue, s'*abstenant*, comme eux, des aliments défendus par la loi mosaïque (Voltaire).

§ 1. Se construit avec *en* : Et comment réparerez-vous les plaisirs illicites, qu'en vous *abstenant* de ceux que vous vous croyez encore permis? (Massillon.) Sous ces voûtes on ne pouvait vivre qu'en se pressant les uns contre les autres, et en s'*abstenant*, pour ainsi dire, de respirer (Chateaubriand).

ABSTENU, UE, US, UES (*abstenu*). Participe passé du verbe *abstenir*. Ce participe s'accorde toujours, étant toujours précédé de son régime direct, qui est le second pronom : Elle s'est *abstenue*. Nous nous sommes *abstenus*. Pourquoi celui qui peint, dans l'Enéide, au milieu des guerriers, tous les charmes de Vénus et les amours passionnées de Didon, s'est-il *abstenu* de mettre des femmes en scène avec des bergers qui chantent leurs amours ? (Bern. de Saint-Pierre.) Guillaume III ne voulut point faire de miracles, et ses successeurs s'en sont *abstenus* comme lui (Voltaire). Il s'est *abstenu* de toutes sortes de plaisirs (Académie). Cet héritier s'est *abstenu* de la succession (id.).

ABSTERGEANT (*ab-sterjan*). Participe présent du verbe *absterger*, terme de chirurgie, nettoyer. Il se dit en parlant des plaies, des humeurs. Toujours invariable.

Il ne faut pas confondre *abstergeant*, participe présent, avec *abstergent*, adjectif. Le premier est toujours invariable. Le second, au contraire, en sa qualité de simple qualificatif, s'accorde toujours : Des remèdes *abstergents*. Il s'emploie aussi comme substantif : Un bon *abstergent*.

Napoléon Landais figure ainsi la prononciation d'*absterger* : (*abcetèrejé*). Cette prononciation n'a que l'inconvénient de donner deux syllabes de trop à ce mot.

ABSTERGÉ, ÉE, ÉS, ÉES (*absterjé*). Participe passé du verbe *absterger*. S'emploie pronominalement : Ces plaies se sont *abstergées*.

ABSTRAIT, AITE, AITS, AITES (*abstrèt*). Participe passé du verbe *abstraire*.

§ 1. Employé sans auxiliaire, il s'accorde toujours : Un terme *abstrait*. Un nombre *abstrait*. Rondeur, blancheur, bonté, sont des termes *abstraits*; et rond, blanc, bon, unis à des noms de substances, comme pain rond, vin blanc, bon prince, sont des termes concrets (Académie).Une idée *abstraite* (id.). Un écrivain, un philosophe *abstrait* (id.). Quelquefois un esprit *abstrait*, nous jetant loin du sujet de la conversation, nous fait faire ou de mauvaises demandes ou de sottes réponses (La Bruyère). Soutenue par la raison, la philosophie s'élève des vérités connues aux vérités nouvelles, et parvient aux notions purement *abstraites* (Deleuze). On peut considérer les qualités des corps d'une manière *abstraite*. Les grammairiens appellent noms appellatifs ceux qui signifient des substantifs *abstraits* (Laveaux). Les vérités *abstraites* des mathématiques (Massillon).

Tout mot nouveau, tout trait alambiqué,
Tout sentiment *abstrait*, sophistiqué.
J. B. Rousseau.

§ 2. Accompagné du verbe *être*, il prend également l'accord : On est *abstrait* pour être trop appliqué à une seule chose, et distrait par inapplication ou légèreté (Académie). Ce discours est *abstrait* (id.). Cette question est bien *abstraite* (id.). Tous les termes sont individuels ou *abstraits* (Laveaux). Il est *abstrait*, rêveur (La Bruyère). Il est *abstrait*, dédaigneux (id.).

§ 3. Précédé des verbes *sembler*, *paraître*, etc., il est variable : Cette question me paraît bien *abstraite*, j la trouve trop *abstraite*.

§ 4. Avec le verbe *avoir* (régime placé après), il est invariable : Il avait *abstrait* l'accident du sujet. Vous avez *abstrait* la quantité de ce sujet.

§ 5. Avec le verbe *avoir* (régime placé avant), il prend l'accord : La quantité que vous avez *abstraite* de ce sujet.

§ 6. Il régit après lui la préposition *par*.

§ 7. Il s'emploie substantivement : L'*abstrait* et le concret (Académie).

§ 8. On lit dans le Dictionnaire de Laveaux cette remarque : *Abstrait*, *abstraite*, adjectif qui se dit des personnes et des choses, et qui ne se met qu'*après* son substantif. Laveaux s'est trompé. L'adjectif *abstrait*, *abstraite*, se place sans doute ordinairement avant son substantif : L'étude des sciences *abstraites* (Pascal). Les vérités ou les erreurs *abstraites* qu'il est indifférent de croire ou de nier (Massillon). Les vérités les plus *abstraites* de la foi (id.). Tant de matières épineuses en *abstraites* (Fontenelle). Des idées *abstraites* (id.). Sa philosophie *abstraite* (id.). Une théorie si *abstraite* (id.). Des questions *abstraites* (Voltaire). La contemplation des choses *abstraites* (Buffon). Un esprit *abstrait* (La Bruyère). Mais rien n'empêche qu'on ne place cet adjectif après le nom. Les exemples suivants en font assez foi : La plus *abstraite* analyse (Fontenelle).

De son *abstrait* système abuse un téméra're.
                                    L. Racine.

Quelque *abstrait* raisonneur qui ne se plaint de rien.
                                    Idem.

§ 9. Nap. Landais figure ainsi : *abcetrait, abcetrète*, la prononciation des mots *abstrait, abstraite*, sans songer que par-là il leur donne une syllabe de trop.

ABSTRAYANT (*abstrè-ien*). Participe présent du verbe *abstraire*, terme didactiq., faire abstraction, considerer séparément des choses qui sont réellement et nécessairement unies. Toujours invariable.

§ 1. Demande toujours après lu_ un complément direct.

§ 2. Se construit avec la préposition *en*.

ABUISSONNANT (*abuiçonan*). Participe présent du verbe *abuissonner*, inusité, et qui signifiait abuser, séduire, tromper.

ABUISSONNÉ, ÉE, ÉS, ÉES (*abuiçoné*). Participe passé du verbe *abuissonner*. Inusité. V. *Abuissonnant*.

ABULLETANT (*abullan*). Participe présent du verbe *abulleter*, aujourd'hui inusité, et qui signifiait faire, donner un bulletin.

ABULLETÉ, ÉE, ÉS, ÉES) (*abulté*). Participe passé du verbe *abulleter*. V. *abulletant*.

ABUSANT (*abusan*). Participe présent du verbe *abuser*. Faire un mauvais usage, faire un usage excessif; tromper; être dans l'erreur; détourner un mot de sa véritable signification. Toujours invariable.

§ 1. Employé comme verbe actif, il demande toujours après lui un complément ou régime direct : *Abusant* les esprits faibles, *abusant* les peuples, *abusant* quelqu'un par de fausses promesses (Académie).

Notre profond silence *abusant* leurs esprits.
                                    Corneille.

§ 2. Employé comme verbe neutre, il n'admet qu'un complément indirect : *Abusant* de votre bonté, *abusant* des sacrements, *abusant* des grâces que Dieu lui fait, *abusant* de son loisir, de son temps, de son crédit, de son autorité; *abusant* d'une pauvre fille.

Des ennemis de Dieu la coupable insolence,
Abusant contre lui de ce profond silence.
                                    Racine.

Un cousin *abusant* d'un fâcheux parentage.
                                    Boileau.

Vous ne voudrez jamais, *abusant* de son âge,
Tirer de ses erreurs un indigne avantage.
                                    Voltaire.

§ 3. Employé neutralement, il se dit aussi absolument :

Abusant pour jouir comme on fait à cet âge,
Le poulain tous les jours se gorgeait de sainfoin.
                                    Florian.

§ 4. S'emploie avec le pronom personnel : *M'abusant, t'abusant, s'abusant*. *S'abusant* jusques à croire qu'il parviendrait à supplanter son rival. *S'abusant* l'un et l'autre sur leur savoir, leur mérite.

§ 5. Se construit avec la préposition *en* : En nous *abusant*, en *abusant* nos yeux, en *abusant* de la victoire, de sa supériorité.

Mais qui peut altérer vos bontés paternelles ?
Vous seule, vous, ma fille, *en abusant* trop d'elles.
                                    Voltaire.

Laveaux critique ce passage de *Tancrède*, non sur l'emploi du participe, mais sur l'emploi du mot *elles*. Il n'y a personne, dit-il, qui ne sente combien ce pronom *elles*, qui finit la phrase et le vers, produit un mauvais effet; et cet effet se retrouvera dans toutes les phrases du même genre, en prose comme en vers : Il se souvient de vos bontés, il en est pénétré; si l'on disait il est pénétré *d'elles*, cela paraîtrait ridicule. C'est que notre langue y a pourvu moyennant le pronom *en* qui, se plaçant avant le verbe, réunit la précision et la rapidité. Il est vrai qu'il y a des occasions où l'on ne saurait se servir du mot *en* ; mais alors il faut éviter ce pronom, et chercher une autre tournure. On voit que Laveaux ne veut pas de *en abusant d'elles* ni encore moins de *en en abusant* ; nous n'avons pas l'intention de combattre ici son opinion ; seulement nous profiterons de cette occasion pour dire qu'il y a des circonstances où les pronoms *lui, elle, eux, elles,* en rapport avec des noms de choses, s'emploient indispensablement comme compléments de verbes et de prépositions, et qu'il y en a aussi où la rencontre de deux *en* devant un participe présent n'est pas vicieuse, comme le prétendent quelques grammairiens. Voyez l'*Introduction*, page XXVII.

ABUSÉ, ÉE, ÉS, ÉES. Participe passé du verbe *abuser*.

§ 1. Employé sans auxiliaire, accord :

Calme des sens, paisible indifférence,
Léger sommeil d'un cœur tranquillisé,
Descends du ciel, éprouve ta puissance
Sur un amant trop longtemps *abusé*.
Parny.

Voilà votre portrait, stoïques *abusés* :
Vous voulez changer l'homme et vous le détruisez.
Voltaire.

Eh ! pourquoi, profanant d'aussi saintes tendresses,
De Zulime *abusée* enhardir les faiblesses ?
Idem.

Qu'arriva-t-il enfin de sa muse *abusée* ?
Boileau.

Et la vue *abusée*,
Croit, au lieu d'un jardin, parcourir un musée.
Delille.

Un charlatan qui nous amuse
Par mille contes supposés
A toujours en poche une excuse
Pour échapper aux yeux des dupes *abusés*.
Lenoble.

Je sais trop qu'on a vu, lâchement *abusés*,
Par des mortels obscurs des princes méprisés.
Voltaire.

§ 2. Précédé du verbe *être*, accord :

Je consens que mes yeux soient toujours *abusés*.
Racine.

O fortune ! o mes yeux ! êtes-vous *abusés* ?
Voltaire.

§ 3. Précédé du verbe *avoir* (régime direct placé après), non accord : Il a *abusé* cette pauvre fille sous promesse de mariage (Académie). Les apparences qui avaient *abusé* le reste des hommes (Massillon). Tant d'hypocrites qui ont *abusé* si longtemps le monde (id.).

§ 4. Précédé du verbe *avoir* (régime direct placé avant), accord : Vous m'avez *abusé* par de fausses promesses (Académie). Les vaines louanges dont on les avait *abusés* pendant leur vie (Massillon).

§ 5. Employé neutralement (régime indirect placé avant ou après), non accord : Je sais que dans notre siècle on a reproché aux poètes qu'ils faisaient de la mythologie : ils en ont peut-être *abusé* ; mais le mauvais goût aurait-il donc le droit de flétrir tout ce qu'il touche ? (Michaud.) C'est une fille dont il a longtemps *abusé* (Académie). Il a *abusé* de votre bonté (id.). Il a trop *abusé* de sa beauté et de son éloquence (Fléch.). Ces hommes avaient *abusé* de la vertu même (Fénelon). Vous avez *abusé* de tout, de la grâce, de vos talents, de votre raison, de vos biens, de vos dignités, de toutes les créatures (Massillon). Ce temps dont il a *abusé* (id.). Ceux qui avaient *abusé* de sa confiance et de son autorité furent punis de divers supplices (Fénelon). Quelques conseillers qui avaient le plus *abusé* de leur ministère payèrent leurs démarches par l'exil (Volt.). Que celui de nous deux qui sera trouvé avoir agi contre son devoir, et *abusé* du privilége de l'opposition, soit déposé sur-le-champ (Vertot).

§ 6. Construit avec les pronoms personnels, accord : Ils se sont *abusés* (Académie). Je comptais sur votre amitié, je vois que je me suis cruellement *abusé* (id.).

Voulant nous affranchir, Brutus s'est *abusé* ;
S'il n'eût puni César, Auguste eût moins osé.
Corneille.

Mais moi-même tantôt me serais-je *abusé* ?
Racine.

Le malheur est partout, je m'étais *abusée*.
Voltaire.

. . . Un fourbe rusé
Prend cent masques trompeurs pour tâcher de nous plaire.

On peut nous pardonner tant qu'il est déguisé,
Mais voit-on qu'on s'est *abusé*,
Vite, vite, il faut s'en défaire.
Lenoble.

§ 7. *Abusé de* se dit quand le participe signifie *flatté faussement de* :

D'un crédule espoir trop longtemps *abusé*.
             Racine.

Les vaines louanges dont on les avait *abusés* pendant leur vie (Massillon).

§ 8 *Abusé par* se dit quand le participe signifie trompé :

Le monde à mon avis est comme un grand théâtre,
Où chacun en public, l'un *par l'autre abusé*,
Souvent à ce qu'il est joue un rôle opposé.
             Boileau.

Lors Démocrite, *abusé par* le ton.....
             Rousseau.

. . . *Par un perfide Ariane abusée*,
Armali les dieux contre l'ingrat Thésée.
             Bernard.

Il ai de son épouse, *abusé par* sa sœur,
Déchiré de soupçons, accablé de douleur,
J'ignore en ce moment le dessein qui l'entraîne.
             Voltaire.

ABUTANT (*abutan*), Participe présent du verbe *abuter*, jeter des quilles vers une boule servant de but, pour voir laquelle en sera plus près et celui qui jouera le premier; et, en termes de marine, toucher du bout à quelque chose que ce soit.

ABUTÉ, ÉE, ÉS, ÉES (*abuté*). Participe passé du verbe *abuter*. V. *Abutant*.

ABYMANT. Orthographe préconisée par Napoléon Landais. V. *Abimant*.

ABYMÉ. V. *Abîmé*.

ACADÉMIANT (*akadémian*). Participe présent de *académier*, verbe actif de la première conjugaison : c'est un vieux mot, aujourd'hui tout-à-fait inusité, et qui signifiait tenir en suspens. On ne le trouve dans aucun dictionnaire moderne. V. *Académié*.

ACADÉMIÉ, ÉE, ÉS, ÉES (*akadémié*). Participe passé du verbe *académier*. Il se trouve dans un de nos vieux conteurs, avec le sens de tenir en suspens : « Tournant ainsi à toutes légèretés et conseils, on demeurerait assez perplexe, confus et *académié* pour ne rien entreprendre. » (*Contes d'Eutrapel*, tome II.) Inusité.

ACADÉMIFIANT (*akadémifian*). Participe présent de *académifier*, verbe actif de la première conjugaison, qui signifie faire quelqu'un académicien, lui donner un diplôme d'académicien. Napoléon Landais, pour avoir sans doute occasion de faire une critique, transforme ce verbe en celui d'*académisier*, et ajoute : « Linguet a employé ce mot qui nous paraît barbare ». Si M. Napoléon Landais s'était donné la peine de lire Linguet, il aurait vu que ce n'est pas *académisier* que cet écrivain a employé, mais bien *académifié*, ce qui n'est pas la même chose.

ACADÉMIFIÉ, ÉE, ÉS, ÉES (*akadémifié*). Participe passé du verbe *académifier*. Linguet a dit assez plaisamment : J'ai l'honneur d'être à peu près autant *académifié* qu'on peut l'être, et je n'en suis pas plus fier. Le mot *académisié* que donne M. Napoléon Landais est tout-à-fait de son invention; et c'est à tort, comme on le voit, qu'il reproche à Linguet d'avoir fait usage d'*académisié*.

ACADÉMISANT (*akadémizan*). Participe présent de *académiser*, verbe actif de la première conjugaison. *Académiser* est un terme d'art du dessin, qui signifie travailler d'après le modèle. Diderot a pris ce mot en mauvaise part. Il a dit aux jeunes élèves de l'académie de peinture, dessinant d'après un modèle, que l'on force à garder la même position pendant tout le cours de la séance : « Si vous perdez le sentiment de l'homme qui se présente en compagnie et de l'homme intéressé qui agit, de l'homme qui est seul et de l'homme qu'on regarde, jetez vos pinceaux au feu. Vous *académiserez*, vous redresserez, vous guinderez toutes vos figures. »
Ce verbe, qui figure dans presque tous les dictionnaires, est omis dans celui de l'Académie.

ACADÉMISÉ, ÉS, ÉE, ÉES (*akadémizé*). Participe passé du verbe *académiser*.

ACADÉMISIANT (*akadémizian*). Participe présent de *académisier*, verbe actif de la première conjugaison, et qui signifie faire académicien. Ce mot est de l'invention de M. Napoléon Landais, car il ne se trouve nulle part ailleurs que dans son dictionnaire. Voir *Académifiant*.

ACADÉMISIÉ, ÉS, ÉE, ÉES (*akadémizié*). Participe passé du verbe *académisier*. Mot forgé par M. Napoléon Landais dans le but unique de faire une mauvaise chicane à Linguet. V. *Académifié*.

ACAGNARDANT (*akagniardan*), mouiller le *gn*. Participe présent de *acagnarder*, verbe actif de la 1re conjugaison, qui signifie accoutumer quelqu'un à mener une vie obscure et fainéante, et s'emploie le plus souvent avec le pronom personnel. Il est familier. Le participe présent est toujours invariable, et toujours suivi d'un régime : La mauvaise compagnie l'*acagnardant*. Un seigneur s'*acagnardant* dans sa terre. Des personnes s'*acagnardant* auprès du feu, dans un fauteuil.

ACAGNARDÉ (*akagniardé*). Participe passé du verbe *acagnarder*.
§ — Employé avec le verbe *avoir*, (régime placé avant), accord : La mauvaise compagnie l'a *acagnardé* (Académie).

ACALIFOURCHONNANT (*akalifourchonant*). Participe présent de *acalifourchonner*, verbe actif de la 1re conjugaison, et qui signifie se mettre à califourchon. Le participe *acalifourchonné*, ayant été employé, suppose nécessairement le verbe *acalifourchonner* et son participe présent *acalifourchonnant*. D'où vient que ni l'un ni l'autre ne figurent dans aucun Dictionnaire? Qui empêche de dire : Un homme *acalifourchonnant* un bâton, ou s'*acalifourchonnant* sur un bâton? une femme *acalifourchonnant* un cheval, ou s'*acalifourchonnant* sur un cheval?

ACALIFOURCHONNÉ, ÉS, ÉE, ÉES (*akalifourchoné*). Participe passé du verbe *acalifourchonner*.
§ 1. S'emploie comme adjectif : Un homme *acalifourchonné* sur... Des hommes *acalifourchonnés* sur... Une femme *acalifourchonnée* sur... Des femmes *acalifourchonnées* sur...
§ 2. S'emploie aussi comme participe, et pronominalement : Le rustre s'était *acalifourchonné* sur mon cheval (Cyrano de Bergerac). Cet exemple prouve évidemment que c'est à tort que la plupart des lexicographes prétendent que *acalifourchonné* ne s'emploie que comme adjectif. Ce reproche s'adresse surtout à l'Académie qui a également omis *acalifourchonner*, *acalifourchonnant* et *acalifourchonné*.

ACARANT OU ACCARANT (*akaran*). Participe présent de *acarer* ou *accarer*, verbe actif de la 1re conjugaison, qui, en termes de pratique, signifie confronter, mettre en face. *Accarer* vient du grec κάρα (tête); on a dit *care*, qui se trouve dans nos anciens auteurs et nous a donné le mot *chère*, dans le sens d'accueil, et encore le verbe *accarer*, terme de palais qui signifie mettre les témoins, les coaccusés face à face, les confronter. Ce mot et le suivant ne figurent pas dans le *Dictionnaire de l'Académie*.

ACARÉ OU ACCARÉ, ÉE, ÉS, ÉES (*akaré*). Participe passé du verbe actif *acarer* ou *accarer*.

ACASANANT (s') (*çakazanan*). Participe présent de *acasaner*, verbe actif de la 1re conjugaison qui a été employé par un de nos vieux auteurs : Ne permets que leurs esprits s'*abatardissent* ou s'*acasanent* en voluptés (Est. Pasquier, *Pour parler du prince*). Le participe est toujours invariable, puisqu'il est toujours précédé de son régime direct. Ce mot et le suivant ne se trouvent dans aucun dictionnaire, pas même dans celui de Napoléon Landais.

ACASANÉ (*akazané*). Participe passé du verbe *acasaner*.